Kaalvoet Vroue

Johan Heyns

Outeur: Johan Heyns
Voorbladontwerp: Malherbe Uitgewers

Geset in Calibri12pt

Uitgegee en gedruk deur
Malherbe Uitgewers

Skrywers Voorwoord

Ek spot baie keer dat die grootste fout in ons geskiedenis gemaak is deur wyle JBM Hertzog toe hy vrou stemreg gegee het. Ja, steeds dink ek dat sommige vroue die feminisme-ding te ver vat. Steeds dink ek dat dit Bybels korrek is dat die man die hoof van die huis is, maar ek moet erken die vrouens in hierdie werk genoem is deur hulle generasies Volksmoeders genoem, 'n benaming wat geensins 'n vernederende effek op hulle gehad het nie, inteendeel ek dink eerder dit verhoog hulle waarde. Ek weet daar is feministe wat onder ander Mev Mabel Malherbe beskuldig het maar al hierdie vroue se bydraes moet in konteks van die geskiedenis gesien word. Darem kan ek oor hierdie vrouens en duisend soos hulle sê; ek sê dankie vir julle aandeel in ons geskiedenis. Selfs die wat in 'n tyd geleef het waar die man die Patriarg was het julle vir hulle 'n tuiste gegee waar hulle kon asem skep om met hernude ywer hulle besig hou met landsake. Verder kan ek vir die bundel Kaalvoet vrouens geen beter voorwoord aan dink as om die Vrystaat se geliefde general de Wet aan te haal nie.

Van al die Boere generaals en met uitsluiting van president Steyn, by die onthulling van die vroue monument het geen ander hom só sterk en só dikwels uitgespreek oor die rol van die Boerevrou gedurende die Driejarige Oorlog nie. In sy boek De Strijd tusschen Boer en Brit tel hy self die vraag: "En die Boervrou - gee sy moed op? Geensins, want toe die oorlog teen haar en teen die besittings van die boer begin, begeef sy haar op die bittere vlug om tog uit die hande van die vyand te bly. Met die doel om nog iets vir haar self en haar kinders te behou, laai sy die waens met graan en met die nodigste meubels. As 'n kolonne 'n plaas nader, selfs in die nag, of in alle wind en weer, moes menige jong dogter die tou van die span osse neem en die moeder die sweep. Menige knap, welopgevoede dogters ry te perd en dryf die vee aan om sodoende so lank as moontlik uit die hand van die vervolgers te bly, en nie weggevoer te word na die konsentrasiekampe wat die Engelse refugee- of toevlugskampe genoem het. Hoe vals tog! Kon iemand voor die oorlog ooit dink dat die twintigste eeu sulke barbaarshede kon oplewer?" sowat tien jaar later by die Vrouemonument se onthullingsplegtigheid na vore tree om te praat, is dit 'n man van berusting as by oor die rol van die Afrikanervrou praat. Pres. Steyn het die toeskouers vooraf versoek om die hele inwydingsplegtigheid as 'n roudiens vir die afgestorwe 26 000 vroue en kinders te beskou en gevra om alle toejuiginge te laat. Maar toe generaal De Wet opstaan en uit sy boek aanhaal, is generaal. De Wet se woorde nog bitter, maar as hy sy rede te hou, het die reuse skare rondom die naald hom spontaan begin toejuig. Hy begin deur na die vorige dag se storm en daardie dag se stilte te verwys, en dan vervolg by .

"Na al die storms wat die vrou deurgegaan het, is daar vandag stilte, die stilte van die graf. 'n Volk kan alleen opgebou word deur die vrou. As die kinders die tradisies van die voorouers vergeet, sal die volk verlore gaan ... Die oorsprong, die grondslag van die Hugenote, was die egte ware godsdiens, dit was die leidraad vir 'n volk. Gedurende die oorlog het ek en my kommando's dikwels die gesange en psalms uit die kampe verneem. Dit was die bewys van Waarop en op Wie hulle bou ...

Ek ontken nie dat die Afrikanervolk sedert die oorlog op 'n wonderlike wyse herstel en vooruitgegaan het nie, maar die vraag is of ons volk op die regte wyse vooruitgegaan het. Daar is so iets soos vormgodsdiens, en as ons hierdie weg volg, sal my volk na die graf daal. Dog, as ons aan die beginsel van 'n opregte godsdiens vashou, hoef ons niks te vrees nie.

My wagwoord aan elke moeder, aan elke jong dogter en elke kind van my volk is: wees aan u volk en godsdiens getrou.

Mag God ons genade gee om die beloftes van ons vaders na te kom en daaraan getrou te bly."

VOORWOORD

Ons lewe in 'n tyd waar die sosio politiese samestelling van die land oor die laaste 150 jaar drasties verander het en die posisie van die vrou nog meer. Dit is nie meer vreemd dat in meeste wêrelddele en veral in die Weste, 'n eksklusief patriargale stelsel nié meer geld nie en die opkoms van die vrou, nie net as matriarg nie, maar as individu, enkelouer, broodwinner, leier, as korporatiewe hoof, baanbreker, politieke leier of bloot as feminis, in die samelewing verweef is nie. Die vraag wat mens jouself afvra, is: Hoe is dit dat daar op elke vlak in die samelewing, 'n ruimte bestaan het waarin die vrou ooit misken kon wees?

Die skrywer doen met hierdie publikasie waardevolle werk, wat bewys dat die vroue van ons voorouers, die moeders van die volk wat hier geplant is deur die Vryburgers, Hugenote, Setlaars en Voortrekkers, nie bloot vroue was met hul enigste doel afgeskaal tot kosmaak en kinders baar nie. Afgesien van die Bybelse, Calvinistiese posisie wat die vrou inneem in die volks opset van die Boer, die Afrikaner en Suid-Afrikaner in die breë, is hulle deurgaans erken en gerespekteer as pioniers, stryders, adviseurs, baanbrekers, innoveerders, leiers en bowenal, helde.

'n Publikasie soos hierdie is nie net waardevol nie, maar ook noodsaaklik om, dringend, sonder verdere uitstel, van kennis te neem. Dit is belangrik vir enige betrokke persoon, om op hierdie manier herinner te word aan die rol wat die vrou gespeel het in die geskiedenis van ons volk; vir die vrou en die dogter om herinner te word daaraan, dat hulle die lewensaar vir die volk en 'n onverbeterlike voorbeeld van dapperheid en deursettingsvermoë was in tye wat die volk teen die grond was. Waar uitkoms onmoontlik geblyk te wees het, was dit dikwels die heldhaftigheid van 'n vrou wat die deurslag gegee het. Vir die man en die seun om geleer en herinner te word, dat die vrou geskape is om sy vennoot en gesellin te wees, aan sy sy, in heilige onderdanigheid aan haar Skepper; dat die vrou die lewensaar vir die voortbestaan van die wêreld en volkere is en dat sy soos van ouds en nou, selfs nog meer, dienooreenkomstig waardeer en gerespekteer moet word. Daarsonder en sonder haar, is daar geen toekoms nie.

Die Genootskap vir die Handhawing wens die skrywer en uitgewer geluk met hierdie besondere werk en deeglike navorsing. Daarmee saam bring ons hulde aan die vroue wie in hierdie publikasie vereer word en gee ons erkenning aan ons eietydse volksmoeders, vroue en heldinne, wie bou op die nalatenskap van die besondere vroue wat hulle voorgegaan het, asook die wat met eiesoortige inisiatief die gees van "voor trek" gestand doen deur nog altyd aan die voortou van volks –en familiesake staan.

Van harte hoop ons ook dat dit as motivering sal dien vir ons jong heldinne van die toekoms, dat hulle begeester sal word deur die mylpale en prestasies van hierdie onverskrokke ystervrouens, wat eerder spreekwoordelik, kaalvoet terug oor die Drakensberge sal, trek as om in te gee en op te gee in tye van groot teenspoed...... "Na al die storms wat die vrou deurgegaan het, is daar vandag stilte, die stilte van die graf. 'n Volk kan alleen opgebou word deur die vrou. As die kinders die tradisies van die voorouers vergeet, sal die volk verlore gaan..." aldus die woorde van Generaal Christiaan de Wet

Pieter Oostuisen

Voorsitter GHA

Inhoudsopgawe

Susanna Smit

Daar is vir haar gepreek,
gesê die dorings gaan in haar voete steek,
maar sy wou niks hoor,
sy het niks verder in Port Natal verloor,
sy sou eerder kaalvoet die Drakensberge hoor,

Susanna Catherina Smit,
het lank hieroor gebid,
sy het geweet dit is verkeerd
om trou teen die Engelse te sweer,
sy was nie te vinde om te lewe onder Britse beheer,

by die Vroue deputasie is sy in konfrontasie,
daar het sy haar bereid verklaar,
om kaalvoet oor die Drakensberg terug te keer,
ongelukkig het Susanna in Port Natal moes bly,
tog het onafhanklikheid het altyd 'n droom gebly.

Susanna Catharina Smit (Maritz), is op 28 Augustus 1789 in Uitenhage gebore, haar ouers was Salomon Maritz Maria Elizabeth Gebore Oosthuisen sy was die suster van die Voortrekkerleier Gerrit Maritz.

Teen haar sin is sy op 13-jarige leeftyd met Erasmus Smit in die huwelik bevestig, Dit is opvallend dat Susanna in haar dagboek dele feitlik nooit oor haar jeugjare of gesinslewe uitwei nie. Sy vertel wel een keer breedvoerig oor haar ongelukkige en verdrukte kinderjare, sy was werklik 'n formidabele vrou wat haar man wat nie altyd te gesond was tydens die Trek en daarna getrou bygestaan het. Die feit dat Susanna Erasmus se drankprobleem verbloem, dui daarop dat sy dit miskien nie wou erken nie of hom net in sy toestand probeer help en bystaan. Dit versterk ook die indruk dat Susanna se Dagboek 'n ontvlugting van die werklikheid is. Sy poog om 'n 'ideale' beeld van haar lewe te skep en probeer dit selfs in haar skryfwerk projekteer. Susanna wat as "die sterkste vroue persoonlikheid van die Groot Trek" beskou. Tydens die Groot Trek het sy belangrike opvoedkundige werk verrig: sy het die Voortrekker vrou versinnebeeld; daagliks is kos gekook, brood in miershope gebak, klere gemaak, wasgoed in riviere en stroompies op die trekpad gewas en soms ook skape geslag en bewerk.

In Junie 1843 het Henry Cloete (koloniale amptenaar), die Trekker-gemeenskap in Pietermaritzburg besoek. Tydens die vergadering in die Raadsaal, waar veral die trekker-vroue prominent opgetree het, het Susanna Smit, die vrou van die Voortrekker leraar Erasmus Smit, 'n onverbiddelike standpunt ingeneem. Volgens die verslag van die Grahamstown Journal het Susanna Smit skerp op die vermaning tot stilte deur haar eggenoot gereageer en het sy optrede die volgende opmerkings van haar (in Engels vertaal) ontlok: Jou ellendeling sal ek stil gemaak word, jy staan daar in stilte, jy het lank genoeg gespog maar nou is ek verplig om jou plek in te neem

Sy het besondere deursettingsvermoë, heldemoed en onverskrokkenheid aan die dag gelê.

Sy het 'n onderhoud met Cloete gereël, waar tydens die onderhoud het sy in die teenwoordigheid van die ander vroue Cloete vertel van hoe swaar hul gelewe op die grens, en hoekom hul getrek het. Die opofferings tydens die Trek, maar meer nog die verliese aan bloed in Natal is breedvoerig aan Cloete uiteengesit

Sy was 'n belangrike kampvegter vir die regte van die Voortrekkers en het by die vroue deputasie se konfrontasie met adv Henry Cloete, Britse Kommissaris in Natal, sterk gevoel die groep vroue was deel van Piet Retief se trek wat besluit het om die groen land van Natal as weivelde te kies. Volgens oorlewering het die 400 Voortrekker-vroue met Cloete in 'n woordewisseling betrokke geraak. Hulle het met hom gestry omdat hulle nie onder Britse gesag wou staan nie en gesê dat vryheid vir hulle meer werd was as hulle lewens. Dit is toe dat Susanna Smit die bekende woorde uiter, "Liewer kaalvoet terug oor die Drakensberg as om onder Britse beheer te staan." Susanna is egter in die destydse Natal dood, wat beteken dat sy nooit kaalvoet terug oor die Drakensberg geloop het nie.

Die daad kragtige optrede van Susanna Smit in die geledere van die vroue-afvaardiging, staan in verskillende opsigte teenoor die huislike omstandighede wat sy en haar eggenoot na hul vestiging in Pietermaritzburg beleef het. Ten spyte van sy hoogs gewaardeerde arbeid in die Voortrekker gemeenskap, is eerwaarde Smit deur "n groep lidmate onder leiding van Sarel Cilliers al hoe meer van die bediening uitgesluit, en Susanna self is in "n naamlose geskrif aangeval en as "n "helleveeg" uitgekryt.

Teen 1843 weerspieël Susanna Smit se dagboeke reeds "n beduidende mate van geïsoleerdheid in die Voortrekker gemeenskap Gekwel deur finansiële laste en liggaamlike ongesteldhede, bevind die Smit-egpaar hul nou onder Britse bewind, sodat hul geen ander heenkome het as om in Natal te bly nie. Die feit dat sy die weerstand teen die prediking van die ou heer Smit as "n persoonlike vervolgsug beleef het, tesame met die gebrek aan inkomste, het dit vroeg in die jaar 1843 vir Susanna Smit onmoontlik gemaak om haar persoonlike gemeenskap met God onbevange te beoefen, sodat "n kloosterlewe begeerlik geword het:

Ds Kestell maak melding in Uit my vader se Engelse Dagboek van Susanna se siekte. Haar toestand is reeds vanaf 16 Julie 1863 ernstig en Charles Kestell se tweede vrou, Johanna Susanna van den Berg, waak die hele nag by haar. Op 21 Julie is sy ernstiger en op 23 Julie op haar laaste. Kestell praat op 26 Julie met Susanna oor haar einde. Hulle gesels oor Jesus se liefde en die onbeperktheid daarvan en oor die Jordaan van die dood. Sy sê die Here sal alles regmaak. Op 27 Julie 1863, op die ouderdom van 63 jaar en elf maande, is sy oorlede.

Elizabeth Salt

Makanda het die Fort aangeval,
dit het gelyk of die fort in die Xhosas se hande sou
val,
hulle buskruit was amper gedaan,
daar was nie 'n plan om hulle te red,

Elizabeth het 'n plan gehad,
met buskruit as kind,
het sy haar tussen duisende Xhosas gevind,
want by die fort het dit sleg gegaan,

vreesloos het sy die twee myl geloop,
sy het geweet sy is hulle enigste hoop,
voetjie vir voetjie nader aan die fort,
sy het geweet wat van hulle sou word,

al waarop sy kon staat raak,
is dat die Xhosa 'n vrou nie sou aanraak,
tog het dit moed gekos,
sy kon die soldate nie aan hulle lot oor los,

Elizabeth Covare (Salt) is die 22 Augustus 1785 in Frankryk gebore. Sy het later met 'n Britse soldaat sersant William Salt in die huwelik getree. Sy sal onthou word in die Geskiedenis as die Heldin van Grahamstad.

In 1819 het die vyfde Xhosa oorlog uitgebreek, die Xhosa-hoofde Ndlambe en Mkhanda of ook bekend as Nxele "Tierkat", die toordokter die totale uitwissing van Grahamstad as eerste doelwit gestel. Grahamstad was skaars sewe jaar oud en het as militêre hoofkwartier gedien in die Oostelike provinsie en het ongeveer uit tussen 20 en 30 huisies bestaan. Die militêre kamp wat aanvanklik binne in die dorp was is in 1815 ongeveer twee myl suidooswaarts langs nie vallei verskuif, waar stewige baksteen kasernes opgerig is en het bekend gestaan as die Oostelike Barakke. Hier was 'n garnisoen van ongeveer driehonderd-en-vyftig manskappe onder bevel van Kol Thomas Willshire.

Drie dae voor die aanval het. kolonel Willshire se naturelle-tolk Klaas Nuku hom ingelig dat hy 'n "geraas gehoor het in die rigting van waar die Xhosas woon bedoelende hiermee dat die Xhosa 'n aanval vanuit daardie rigting beplan en besig was om daar te versamel ten einde 'n aanval op die militêre pos te loods. Klaas Nuku, wat 'n vertroueling van Makana, en het geweet dat Makana vanuit 'n heel ander rigting besig is om nader te beweeg. Kolonel Willshire het hom egter laat mislei en 'n honderd soldate in die rigting gestuur wat deur Nuku aangewys is. Nadat hierdie troepe vertrek het, het daar slegs driehonderd-en-vyftig weerbare manne by die militêre pos agtergebly.

Die 21 ste April het die Xhosa-hoofde 'n uittartende boodskap aan Kolonel Willshire gestuur waarin hulle hom in kennis gestel het dat hulle Grahamstad die volgende dag sou aanval. Kolonel Willshire het hierdie boodskap nie in 'n ernstige lig beskou nie, aangesien daar nog nooit so volskaalse militêre aanval op 'n koloniale garnisoen in die geval Grahamstad deur en die Xhosas of enige inheemse groep oorweeg is nie, die Xhosas se geveg styl was nog altyd om 'n klein groepies te werk, en uit hinderlaag-aanvalle uit te voer in die digte Oos-Kaapse riviervalleie. Kolonel Willshire die barakke onder bevel van Kaptein Trappes gelaat en op 'n verkenningstog vertrek met tien manskappe oor die Hooglande van Grahamstad in die rigting van Bothaskop. Toe hy onverwags het hulle op 'n deel van die impi afgekom waar hulle vir 'n wyle sit en rus het. Die Kolonel was aan die Xhosas bekend en dit was slegs as gevolg van sy vlugvoetig perd Blutcher dat Kolonel van die dood laat ontkom het, in aller yl het hulle na Grahamstad terug gejaag om gereed te maak vir die geveg.

Die oggend van die 22 April 1819 het Mkhanda die 10 000 Xhosas in drie groepe verdeel waarvan twee die dorpie moes aanval en die derde die kaserne bestorm, die slag van Grahamstad staan onder die Xhosas bekend as Slag van Egazini (Plek van Bloed). Kolonel Willshire het gelukkig die plan gesnap en het 60 soldate afgevaardig om die kaserne te verdedig en met die res wat deur die 32 burgerlikes aangevul is het hy in 'n lang linie wes van die spruit wat noord na suid aan die voet van die heuwels ontplooi om die dorpie te verdedig. Die Britse mag wat teen 'n mag van 28-1 te staan gekom het vasberade gewag om die aanval af te weer.

Rondom negeuur die oggend het die Xhosa die aanval geloods – 'n ongewone tyd vir hulle om aan te val. Die Britse soldate met hulle rooi uniforms het die voorste krygers is toegelaat om tot op 'n afstand van 30- 40 meter van hulle dun linie te storm en toe is die een salvo na die ander in hul digte geledere gevuur, terselfdertyd het die artillerie oor die soldate se koppe die een salvo na die ander afgevuur honderde Xhosas is afgemaai. Na 'n uur het die Xhosa begin terugval. Die aanval op die kaserne onder die persoonlike leiding van Mkhanda was veel meer verwoed en is langer volgehou. Aangevuur deur sy teenwoordigheid het die Xhosa tot naby die kaserne gestorm maar keer op keer is die aanval afgeweer alhoewel hulle amper die oorhand oor die Britse soldate gekry het. Maar die geweervuur van die kaserne se kant af het geleidelik minder geword en skielik het die mag wat die dorp besef dat die soldate in die kaserne se buskruit klaar is. Almal het geweet daardie 60 soldate is verlore, maar die vier-en-dertige Elizabeth Salt het besluit om 'n vaatjie buskruit vir die vasgekeerde soldate in barakke te vat. Sy het die vaatjie buskruit vermom dat dit lyk of sy 'n baba dra het sy vrou alleen tussen die duisend Xhosa krygers die twee myl na die kaserne gestap, aangesien sy geglo het omrede die Xhosa krygers groot respek vir 'n vrou en kindjie gehad het sal hulle haar deurlaat, wat hulle dan ook gedoen het.

Uiteindelik later die middag het die Xhosas die stryd gewonne gegee en teruggetrek. In die geheel het duisende Xhosa gesneuwel, terwyl aan Britse kant slegs drie dood en vyf gewond is. Net danksy die groter vuur krag en die gedissiplineerde weerstand, wat die Britse en Khoi-troepe onder bevel van kolonel Willshire gebied het, kon die Xhosa-aanval afgeweer word

Hierdie slag is om verskillende redes een van die betekenisvolle gebeurtenisse in die geskiedenis aan die Oosgrens, deur die heldhaftige verdediging van 'n handjievol manskappe en soldate teen die aanvalle van 'n oormag van Xhosa is nie slegs die vernietiging van Grahamstad nie, maar 'n verwoestende inval in die kolonie afgewend. Op die 15 de Augustus 1819 het Mkhanda oorgegee aan Stockenström by Trompettersdrif en hy is gevangenskap opgelê op Robin eiland, in 1820 het hy verdrink in 'n poging om te ontsnap.

Die Heldin van Grahamstad Elizabeth Salt is die 22 Augustus 1850 op haar 65 ste verjaarsdag oorlede.

Gezina Kruger

Gezina was 'n Voortrekker kind,
By haar was geen fieterjasies te vind,
Haar lewens taak,
Om haar man en kinders s harte te raak,

Sy het oom Paul ondersteun,
vir krag het hy op haar gesteun,
sy was vir hom 'n steun pilaar,
iemand wat sy kragte vir hom opgaar,

orals word sy geloof,
vanaf Boekenhoutkloof,
tot die wagte voor haar huis,
was in haar geselskap tuis,

sy het haar volk lief gehad,
hul lot het haar diep geraak,
in stilte trane gestort,
wat sou van die Z.A.R. word

saam met oom Paul het sy die ABO gevoel,
gevoel hoe haar volk dood bloei,
sy het die swaar om haar gesien,
hoe haar klein kinders verdwyn in die niet,

oom Paul moes na Europa gaan,
sy was te siek om saam te gaan,
hoe hartseer moes die afskeid groet wees,
beide het geweet dit sal die laste een wees,

Gezina Suzanna Frederika Wilhelmina Kruger (du Plessis) is (bynaam Tant Siena)op 5 Mei 1831 in Burgersdorp gebore as dogter vir Jan Adriaan du Plessis en Catharina Magdalena du Plessis (blykbaar haar nooiensvan) sy is gedoop die 31 Julie 1831 in Cradock, as kind was sy deel van die Potgieter trek en het hulle, hulle gevestig in die Vrystaat die latere Kroonstad streek. Sy was skaars 12 jaar oud toe die sewentien jarige assistent-Veldkornet Paul Kruger, met haar niggie, Anna Maria du Plessis, in 1842 in die huwelik getree het. Hulle is direk daarna na Waterkloof noord van die Magaliesberg , maar Anna is en haar eersteling is oorlede met die geboorte van haar eersteling in Januarie 1846. Pul Kruger was dus reeds op die ouderdom van 21 'n wewenaar, waarna hy 'n jaar alleen op Waterkloof gewoon het. Intussen het Gezina du Plessis op hulle Vrystaatse plaas grootgeword en in haar sestiende jaar is sy gedurende Desember 1847 met die jong wewenaar van Waterkloof op Potchefstroom in die huwelik bevestig. Die bouwerk waarmee haar niggie Maria vyf jaar vantevore op Waterkloof begin het, kon Gezina Kruger toe verder voortsit en vir meer as 50 jaar het sy as die lewensgesellin van Paul Kruger baie lief en leed saam met hom deurgemaak. Toe sy as 'n eenvoudige en jong Voortrekker bruid in 1847 op Waterkloof aangekom het, het sy seker nie die minste vermoede gehad nie dat sy mettertyd in 'n presidentswoning in Pretoria sou woon nie

In hulle tyd in Rustenburg vanaf 1847 -1882 het sy al die gevare saam met haar man gedeel, daar het al meer en meer verantwoordelikhede op Paul Kruger se skouers gekom en sy het dit met hom gedeel en die boerdery waargeneem in tye wat hy van die huis af weg was. Alhoewel sy dikwels nie die aard van sy sorge en bekommernis geweet het nie, was sy tog altyd bewus daarvan dat die las van staatsake en administratiewe pligte swaar op sy gemoed rus. Die bekommerde uitdrukking op sy gesig het dikwels verraai dat die vestiging van 'n nuwe en onafhanklike staat en die beveiliging van sy blanke inwoners te midde van die omringende barbare swaar eise stel aan liggaam en gees. Die hele lewe van Kruger is feitlik in beslag geneem deur sy openbare pligte. Sy het nooit op die voorgrond getree nie, omdat sy geglo het dat haar eerste plig teenoor haar huisgesin was en sy het altyd gesorg dat hulle woonhuis op Waterkloof, Boekenhoutfontein en laastens Pretoria vir haar man 'n veilige en rustige hawe is na sy terugkeer van 'n moeitevolle en gevaarlike veldtog of uitputtende onderhandelings, besprekings en ure lange toesprake.

Wees sy toenemende politieke bedrywighede het hulle in 1881 na Pretoria verhuis om permanent daar te gaan woon, in 1883 is hy die eerste keer tot president verkies alhoewel hy reeds sedert 1877 deel van die Drie manskap was. Ten spyte dat hy tot president verkies is het die Kruger-huishouding hulle eenvoudige leefstyl voort gesit. As Boerevrou het sy steeds melkkoeie aangehou in Kerkstraat, en al hulle lewens produkte van die plaas af gekry. Sy het nie deel geneem aan haar man se toenemende politieke bedrywighede nie of openbare optredes nie. Daar is geen foto van haar saam met die president in die openbaar nie, As tipiese Afrikaner vrou van haar tyd was dit haar plig om vir man 'n rustige en warme huishoudelike lewe te skep sy was 'n goeie moeder vir hulle kinders gewees. Sy was 'n knap huisvrou en bekend vir haar fyn naaldwerk, sy "stil en teruggetrokke van aard, sober en eenvoudig in haar kleding. Haar krag het in die huislikheid gelê wat sy in haar gesin geskep het."

Sy was besonder trots op haar kennis van die volksgeneeskunde. Veral op die gebied van boererate het sy 'n deskundige kennis besit en sy het altyd 'n groot voorraad middels en monsters tot haar beskikking gehad. Vir feitlik enige siekte het sy raad geweet. Haar intense belangstelling in huis dokter was natuurlik gebore uit die nood van dié tyd toe daar op die voorposte hier in die noorde, nog geen mediese dokters beskikbaar was nie en die mense in tye van siekte geheel en al op hulleself, hulle huis apteke, geneeskragtige warm- en koue water bronne of op bossiedokters aangewys was" Tant Siena, soos sy genoem is, was 'n tipe van die ou Afrikaanse vrou – sag, eenvoudig, gasvry, vriendelik en tog so sterk in die geloof." Sy het jare lank met swak gesondheid gesukkel en etlike kere by die dood omgedraai. Mev.

Kruger was self dikwels ernstig ongesteld: op Waterkloof, op Boekenhoutfontein en veral later in haar lewe. In haar eie huiskring moes sy ook gedurig met ernstige siektes worstel. In sommige briewe wat Paul Kruger geskrywe het, word melding gemaak van siekte in sy huis. In September 1872 skrywe hy byvoorbeeld vanaf Waterkloof aan staatsekretaris Swart wat vroeër op Waterkloof vir die Kruger kinders skoolgehou het soos volg: "Ik moet U Edelen melden dat ik met myn vamielie in een treurige toestand is. Een van myn kinders namelyk Antje, nu 14 jaar, leg aan de koors ziekte van dag 5 daagen zoo ilendig, dat doot en leeven geduurig stry, en myn vrou is ook ziek, ook leg Betta Grundeling by my op de plaas ziek, het schyn myn coors(z)ie(k)te. Van de ander klyne kinderen van myn klaag van morgen ook ziek te worden. Wat de einde zal worden weer ik niet. Zoo maak dan myn verschooneng by de hoog Ed. Staatspresedent dat ik niet can kom hoe spyt en het my ook is. Ik was met myn vrouw by de zendeleng, in het haar gezeg gevaarlik ziek te zyn, en die het myn gezeg tegen de laaste van deze maant weeder daar te wees, dan hoop , hy met de hulp van die Heere haar gezont te maak, maar ik moet persies weer haar op de tyd te breng." Blykbaar het die gesondheidstoestand van mev. Kruger daarna nog verder versleg.

Op 27 Maart 1873 skrywe Kruger vanaf Waterkloof weer aan die Staatspresident en Uitvoerende Raad i.v.m. die ernstige siekte van sy vrou: "Ik kan niet nalaaten UEd. te melden omtrent myn treurige toestant; myn vrouw is sleg siek, zy hebben twee dagen geleg dat haar polsten getaa (: gestaan) heb, wy alle, minuten te wagten was haar af te geven. Nu heden weder een wyneg beter. Aangezien dat de ziekten al drie jaar duurden, voel ik my verplig U Hoog Edelen verlof te vraag, al was het voor twee maanden indien zy zoo worden dat zy de wagenryden kunt uithouden, na een of ander dokter te ryden. Ik heb een bekwame zendeling hier gehat. Hy zyde, ik moer met haar tot hem koomen, hoop hy haar te helpen, indien ik by hem een tyd blyven."Toe Kruger in 1877 na Europa moes vertrek om teen die anneksasie van Transvaal beswaar te maak, moes hy haar siek op Boekenhoutfontein agterlaat.

Net soos dit met Paul Kruger die geval was, het sy haar volk geken en liefgehad. In die uitvoering van sy ampspligte was Kruger feitlik nooit tuis nie, en gedurende die eerste 35 jaar van hulle huwelikslewe was sy seker ontsettend eensaam. Tydens 'n besoek wat president en mev. Kruger in 1892 aan Waterkloof, sy ou woonplaas afgelê het, is in 'n verwelkoming adres ook na haar destydse eensaamheid verwys: "De heer M. B. Brink heette ook Mevrouw Kruger hartelyk welkom en wees er onder anderen op dat de genoten vrede eene verhooring was van de gebeden die zy opzond toen zy voor maanden alleen was met haar suigeling aan de borst geklemd, onder woeste barbaren, toen ZHEdelen van haar verwyderd was, zynde hoogst vereischt in den kryg voor de vryheid van land en volk."

Sy was nie juis op hoogte van politieke sake nie, aangesien President Kruger haar gemoed nooit onnodig met staatsake wou belas nie en baie selde met haar daaroor besprekings gehou het. Dit is ook opmerklik dat sy nooit haar verskyning op groot funksies gemaak het nie.

As presidentsvrou het sy ook die smart en ontwrigting van die Engelse Oorlog beleef. Vol kommer het sy die verloop van die oorlog saam met die president gevolg. Vier van haar seuns, vyf skoonseuns en 33 kleinseuns was op kommando. Saam met duisende ander Afrikanervroue in hierdie jare, in konsentrasiekampe of vlugtendes in die veld, het sy die smart beleef van mans en seuns wat gesneuwel het of gevange geneem is.

Toe dit deur die regering van die republiek die 1900 raadsaam geag is dat president Kruger die land moes verlaat en uitwyk na Europa, sodat die Staatspresident nie in die hande van die vyand sou val nie en ook dat hy in Europa sou probeer om simpatie vir die Republiek op te wek, wat miskien kon lei tot die tussenkoms van een van die Europese Groot moondhede, was mev. Kruger nie in staat om haar eggenoot op sy sending te vergesel nie, en so het dit gebeur dat, terwyl President Kruger ver weg in Europa vertoef het in die belang van sy volk, sy troue en liefdevolle lewensgesellin hom vooruitgegaan het na hulle ewige tuiste. . Dit moes 'n bitter afskeid uur gewees het met die wete dat hulle mekaar waarskynlik nooit weer sou sien nie' Drie jaar later het ook hy die tydelike met die ewige verwissel. Toe pres.

Kruger op 29 Mei 1900 in ballingskap vertrek, kon sy hom weens swak gesondheid nie vergesel nie.

Tog was mev. Kruger ten spyte van baie pyn en jarelange ernstige ongesteldheid altyd opgeruimd in die huis en vir haar groot gesin het sy onvermoeid gesorg en daarby 'n ruim medelye gehad vir die armes en minderbevoorregtes. Dit was juis hierdie meegevoel met die lydendes wat haar by die Boere steeds meer gewild gemaak het. Dit word vertel dat, toe sy verneem het dat die gesneuwelde Britse soldate onbegrawe bo-op Spioenkop lê, sy haar trane nie kon bedwing nie oor die feit dat hulle daar in die veld soos wilde diere sonder 'n Christelike begrafnis gelê het. Hier het die hart van 'n groot vrou en moeder gespreek, terwyl sy in menslike medelye aan die moeders, dogters en susters van die gesneuweldes gedink het

Wyle mnr. Frederik ("Oubaas") Wulfse, wat op een tydstip 'n lid van die Lyfwag van president Kruger was, het altyd met die grootste bewondering en agting gespreek, nie alleen van president Kruger nie, maar ook van tant Sienie. Hy vertel onder andere dat sy 'n baie goedhartige vrou was. "Een aand," so het mnr. Wulfse vertel, "toe ek in die reën, koue en donderweer voor president Kruger se huis in Kerkstraat-Wes wag gestaan het, het die liewe vrou die voordeur oopgemaak en geroep: 'Wag! Kom binne.' Ek het natuurlik aan mev. Kruger gesê dat ek nie my pos mag verlaat nie sonder die toestemming van my offisier, waarop sy geantwoord het: 'Maar ék sê jy kan inkom!'. Nogmaals het ek gesê dat ek die uitnodiging baie waardeer, maar nie nou my pos mag verlaat nie. Later het mev. Kruger 'n boodskap na die wag tent net oorkant die presidentswoning, op die terrein van die Gereformeerde Kerkgebou, gestuur, met die gevolg dat die offisier in bevel toestemming gegee het dat ek in die gang kon gaan sit totdat die verskriklike weer verbygetrek het. Mev. Kruger het self 'n stoel in die gang gesit en vir my boonop 'n koppie warm koffie gebring

Die min wat ons van haar weet, is egter genoeg om ons oortuiging te sterk dat sy in alle opsigte 'n waardige eggenote vir Paul Kruger was. In haar persoon het sy blykbaar die mooi eienskappe van sag geaardheid, opregtheid, godsdienstigheid, diensvaardigheid, vaderlands liewendheid en kuisheid verenig. Sy was inderdaad 'n egte tipe van die veelgeroemde "moeders van die Groot Trek", en die eienskappe wat sy openbaar het, tref ons vandag nog tot 'n groot mate by ons eie Afrikaner moeders aan.

Agt van haar Klein –kinders is uitgehonger en met masels van Krugersdorp se konsentrasie kamp na hulle moeder haar dogter Sophia Margaretha Smit op 27 Mei 1901 te Steenbokfontein, Swartruggens, oorlede is van honger dood is na haar gebring. Binne nege dae is vyf van die kindertjies oorlede. Gedurende dié siekte en dood het tant Siena vinnig agteruitgegaan en twee weke na hulle is ook sy verlos en het sy die rus, waarna sy so vurig verlang het, ingegaan. Op 20 Julie 1901 het Gezina Kruger sag en berustend heengegaan in Pretoria. Sy was 'n voorbeeld van die tipiese Afrikanervrou van die 19 de eeu, gevorm en gestaal deur die patriargale pionierslewe — vroue wie se hande vir niks verkeerd gestaan het nie, bekwaam en selfstandig. In haar loop ook soos 'n goue draad dié dinge wat die Afrikanervrou van die negentiende eeu as kultuurdraer gekenmerk het: haar geloof en nasietrots wat sy as vanselfsprekend aanvaar en uitgeleef het. Sy haar man was amper 55 jaar lank as troue lewensmaat in voor- en teëspoed, en met haar afsterwe het sy die ou president diep bewoë en verslae in ballingskap agtergelaat.

Tibbie Steyn

Sy was 'n Victoriaanse vrou,
tog was sy aan die Vrystaat getrou,
sy was nie ydellik gewees nie
sy was eerder vlytig gewees,

sy het President Steyn voor die oorlog gesteun,
sy kon na Europa vlug,
maar was getrou aan haar plig,
om haar volksgenote te ondersteun,

toe die kakies haar vang,
was sy nie vir hulle bang,
sy het eenvoudig in konsentrasie kampe ingegaan,
sy het nie vir die kakies se dreigemente teruggestaan,

haar deursettingsvermoë het vir ander tot aansporing
gedien,
mens kon die president vrou in haar sien,
sy is van ondermynende bedrywighede beskuldig,
dit het haar gelukkig laat glimlag,

tydens die Eerste wêreld oorlog,
het sy hulp aan die Duitse wesie verleen,
sy het geweier om die Engelse te steun,
sy is met die Deutsche Ehrendenkmunze vereer,

Rachel Isabella (Tibbie) Fraser is op 5 Maart 1865 in
Philippolis in die Vrystaat gebore sy was die dogter

van die Skotse predikant ds. Colin McKenzie Fraser. In 1877 het sy saam President Kruger op 'n skip gereis na Europa waar hy die Anneksasies van Transvaal gaan Appelleer het, hier het sy vir MT Steyn ook ontmoet wat onderweg was om in Nederland te gaan studeer. Sy is op die ouderdom van 15 na Bloemfontein gestuur in 'n tyd waar daar nie juis veel aandag aan die skoolopleiding van dogters gegee is nie, waar sy 'n leerling van die Dames-instituut geword het sy was van plan om 'n onderwyseres te word. Toe die eerste die Vryheidsoorlog in Transvaal op 16 Desember 1880 uitbreek het sy die gebeure met groot belangstelling gevolg. Sy was gevul met 'n innige vaderlandsliefde. Na die beëindiging van die Vryheidsoorlog met die slag van Majuba en daar regoor die land dankdienste gehou is Ds Fraser opdrag gegee om na Transvaal te reis en die gelukwense van die Vrystaatse kerk aan die Transvaalse regering oor te dra. Die jonge Tibbie het haar vader vergesel waar sy geluister het hoe kmdt.-generaal. Piet Joubert oor die oorlog praat, en het sy weer vir Paul Kruger ontmoet. Tydens die besoek het die Frasers die nou beroemde berg Majuba besoek waar Tibbie gesoebat het om ook saam die geselskap die berg uit te klim.

In Januarie 1883 toe MT Steyn na sy studie in Europa terug gekeer het na Bloemfontein het John George Fraser, Tibbie se oom hom verwelkom en die jong advokaat 'n kantoor in sy gebou aangebied. In hierdie tydperk was Tibbie besoek by haar oom nadat sy reeds in 1881 haar onderwys eksamen met onderskeidings af gelê het. Tibbie se mooi oë, en haar fluweel sagte vel, fyn beenstruktuur en die grasie waarmee sy soos 'n prinses beweeg het, het gemaak dat die jong Advokaat Steyn beïndruk en hy het haar dan die hof begin maak, die 10 de Maart 1887 is hulle dan ook op Philippolis in die huwelik bevestig deur haar vader. Op sosiale vlak het die Steyn egpaar in die beste kringe beweeg, na haar eggenote se verkiesing as staatspresident van die Oranje-Vrystaat het sy besonderse grasie en waardigheid aan haar man se amp gegee, tog as sy in die publiek moes optree, soos by die onthaal na president Steyn se inswering as president, het hy namens haar die praatwerk gedoen. Sy het haar besig gehou met alles behalwe niksseggende ydelhede. Sy het naamlik 'n groot gesin gehad om te beheer, vier dogters en een seun, en 'n Victoriaanse huishouding waarin haar eggenoot meer op reis was vir die Rondgaande Hof as wat hy tuis. Klaarblyklik het sy in daardie stadium nog vir sover sy onder Theunis se sterk persoonlikheid gestaan het, nie oor 'n sterk gedefinieerde persoonlikheid beskik nie. Haar senuagtigheid - die hartkloppings wat Theunis so kon irriteer - sou mettertyd, soos sy onder Theunis se sterk invloed uitgekom het, in selfvertroue verander . Hy was die onbetwiste prater in die familie en sy, met haar instemming, die tipies Victoriaanse middelklas-eggenote wat die hoof organiseerder van die huishouding was sonder 'n sterk gedefinieerde persoonlikheid, as te ware nog net 'n verleng-stuk van sy ideale.

Tydens die aanloop van die Anglo-Boereoorlog het sy President MT Steyn getrou bygestaan , die uitbreek van die Anglo-Boereoorlog die 11 de Oktober 1899 vind sy haar op 34-jarige ouderdom in 'n onbenydenswaardige posisie: sowel sy as Theunis het geen illusies gehad dat die Republieke die oorlog teen Brittanje kon wen nie. Sy het daarby nog nooit nodig gehad om op haar eie voete te staan nie en was vir haar emosionele, geestelike en finansiële behoeftes oormatig aangewese op Theunis, terwyl haar kinders nog betreklik klein was en haar gesondheid soms veel te wense oorgelaat het. Die son het egter nou ondergegaan op hierdie bestaan wat in baie opsigte bevoorreg was. Selfs nadat Bloemfontein die 10de Maart 1900 in die hande van die Britse magte geval het, het sy anders as die ander vooraanstaande dames verkies om nie na Europa te vertrek nie ten spyte van haar swak gesondheid en het sy voor die Britse troepe uitgevlug

Skaars drie dae nadat Tibbie haar laaste verjaarsdag as presidentsvrou op 5 Maart 1900 in die Presidensie gevier het, moes sy in aller yl hul besittings pak. Die houers is by die huis van haar oom, John Fraser, verby gedra om geberg te word by dié van hul goeie vriende, dr. Stollreither - die Duitse konsul - net verder af in St. Georgestraat die verhouding tussen haar oom en haar eggenoot, was vertroebel weens die presidensiële verkiesingstryd toe beide gestaan et vir die verkiesing. Dit was vir haar 'n pynlike oomblik om op haar dertiende huweliksherdenking die Presidensie finaal te verlaat, sonder dat sy vir Theunis kon groet of tyd gegun is om haar oudste dogter, Hannah, wat by haar grootouers in Philippolis gekuier het, te gaan haal. Sy is daarna per trein na Kroonstad, die volgende Republikeinse hoofstad

Vir die volgende drie maande het Tibbie en haar kinders swerwers geword, aanvanklik agter die rondtrekkende Vrystaatse regering aan en later al vlugtende van een Noordoos-Vrystaatse dorpie na die ander voor die Britte uit. Sy was vir die eerste keer op haarself aangewese terwyl sy fisies dikwels ongesteld was. Die finale verbreking van die naelstring met haar ouerhuis het haar egter geestelik weerbaarder gemaak terwyl haar persoonlikheid ontluik het namate haar emosionele oorafhanklikheid van Theunis verminder het. Finansieel moes sy nou vir die eerste keer kardinale besluite neem en het sy aanvanklik met goue ponde en aandenkings in haar besit gereis ten spyte daarvan dat sy dit beslommernis gevind het. Op aanbeveling van P.J. Blignault, haar swaer en die gewese Vrystaatse goewerment-sekretaris, het sy Theunis se salaris teen sy sin en medewete ontvang en dit in Bethlehem by H.W. van Raalte, 'n prokureur, gedeponeer. Hy kon egter nie verantwoordelikheid vir die 1 000 pond sterling aanvaar nie indien dit sonde toestemming deur die Engelse gegee sou word,.

Vir die laaste maal het Theunis en Tibbie mekaar op 14 Julie 1900 te midde van 'n kritieke oorlogsituasie in Fouriesburg gegroet. Die onttrekking van die Boeremagte uit Fouriesburg het saamgeval met die binne marsjeer van die eerste Skotse soldate onder luitenant-generaal A. Hunter, ten spyte van die veel geroemde bedagsaamheid waarmee die Britse pers gereeld na die hantering van die Boereleiers se eggenotes verwys en die hoflikheid van die Britse bevel-voerder, het dit mettertyd tot haar deurgedring dat sy, in haar eie woorde die eerste vrou in haar posies was om gevange geneem te word. Dit is Tibbie in Afrikanergeledere tot die dag van haar dood ten goede gereken dat sy volstrek geweier het om na Europa uit te wyk of om, soos die vrou van generaal Louis Botha, druk op Theunis uit te oefen om hom op generaal Hunter se versoek te probeer oortuig van die nutteloosheid daarvan om die oorlog voort te sit.

Na sy as gevangene na Bloemfontein terug keer, waar haar stille moed, geduld en deursettingsvermoë vir die ander vroue tot aansporing gedien het hier het sy dan ook saam met Emily Hobhouse gepleit vir die verbetering van die omstandig-hede in die konsentrasiekampe. Niks is haar gespaar nie: sy was ooggetuie van die intense vernedering toe meer as 4 000 verslane burgers ongewapend op pad na krygsgevangene-kampe op Ceylon te perd verbygery het nadat hulle op 28 Julie 1900 onder generaal Prinsloo net agtien kilometer suidoos van Fouriesburg oorgegee het. Algaande het die status wat Tibbie as so vernederend ervaar het, gegroei en is sy deur die republikeinsgesindes sowel as die veroweraars beskou as 'n simbool van verset en volharding in hul midde. Tibbie se teenwoordigheid in Bloemfontein was vir die Britse bewindhebbers 'n steen des aanstoots: sy was immers die lewende verpersoonliking van die onoorwonne Boererepublieke ten spyte van die Britse anneksasies. Die verslegtende oorlog-situasie het Tibbie direk geraak, want op 26 Oktober 1900 is die 63-jarige ds. Fraser en Emeline vanaf Philippolis in 'n oop treintrok na Bloemfontein vervoer waar haar vader in die tronk aangehou is en haar jonger suster verplig is om die vyf kilometer na die Bloemfonteinse konsentrasiekamp te voet af te lê. Dit was 'n veranderde Tibbie wat luitenant-generaal Hunter, dieselfde offisier wat sy met haar gevangeneming in Fouriesburg ontmoet het, nou gekonfronteer het: daar was geen beduidenis meer van die vroeëre onsekere senuagtigheid of hartkloppings nie. Haar ferm, dog vriendelike aandrang op haar vader se terugstuur na sy tuisdorp het vrugte afgewerp en 'n permit is aan hom toegestaan om na Philippolis terug te keer. Omdat ds. Fraser op 'n later stadium geweier het om inligting aan 'n Britse kolonne onder kolonel Byng te verskaf, is hy beskou as politieke vyand en skaars agt maande later is hy weer gestuur na die Bethulie-konsentrasiekamp,

Intussen het die Britse minister van kolonies, J. Chamberlain stawende getuienis van die ondermynende bedrywighede van die eggenotes van die Boereleiers verlang wat hy kon publiseer voordat enigiets geïmplementeer kon word. Volgens Kitchener was die ses ergste vrouens – Tibbie Steyn, mevrou Roux (moontlik die eggenote van generaal P.H. Roux), die eggenotes van Christiaan de Wet, Schalk Burger,

J.B.M. Hertzog, Tobias Smuts –as die slegste van onversoenbare vroue beskou, Kitchener, 'n militêre strateeg, wat gewoonlik sy doelwitte ten alle koste probeer deurforseer het, was ongeduldig dat die verlangde getuienis ontbreek het. Hulle was prominente Boerevrouens en dit was vir hom voldoende bewys dat hierdie vrouens meer skade berokken en ek dink dat Kruger hulle moet hou, soos hy die burgers belowe het hy sal doen. Na die Vrede van Vereeniging is sy saam met President Steyn na Europa vertrek waar hy behandel is vir sy langdurige siekte en het sy hom getrou bygestaan.

In 1905 het die Steyn egpaar terug gekeer na hulle plaas Onze Rust net buite Bloemfontein, waarna sy in 1907 het sy die voorsitter geword van die pas gestigte Vroueliga van die Oranje-Vrouevereniging geword het. Hier het sy ook 'n groot rol gespeel het om fondse in te samel vir die oprigting van die Vroue monument Dit is nie sonder rede dat JX Merriman, die Kaapse politikus, verklaar het dat "President Steyn "probably carry... more weight than anyone in South Africa." Tog deur Tibbie Steyn, die vrou – die fynere, koesterende figuur, die spil in die kern van die huisgesin, die draer van kultuur – om haar heen het die gedagtes vorm aangeneem en werklikheid geword: die stigting van die Meisieskool Oranje, die Oranje-Vrouevereniging – en ja, ook vir die blywende nagedagtenis van die eenvoudige Boerevrou en -kind van die veld is voor-siening gemaak met die totstandkoming van die Vroue-monument.

En die Afrikaner taal? Wat versmaai is en gering-geskat is in daardie stadium volgens die absolute arrogante Brit gelyk-gestel aan -kulturele agterlikheid," 'n dialek," eerder verag deur die Britse Suid-Afrikaners as 'n provinsiale eienaar-digheid van min belang of waarde "

Ook vir dié taal van die Afrikanerhart ruim die Steyns plek in en kan hul pogings ten behoewe van hul moedertaal in baie opsigte inderdaad beskou word as baanbrekerswerk. Ook die heersende houding wat tydens die vooroorlogse funksie by die Presidensie oor die gebrek aan Nederlandse-Afrikaans sigbaar was, verander nou: " Vir ons taal moet ons opofferinge maak" verwoord die gewese presidentsvrou dit, " ons taal kan nie langer verwaarloos word nie". Die loutering van versmaaiing het inderdaad louwarm taalgevoelens verander in vuurwarm standpunte. En so gee Tibbie mildelik van haarself in die jare wat kom, of dit is om by 'n eerste minister in die bresse te tree vir oudstryders uit die Anglo-Boereoorlog of om van haar invloed gebruik te maak om die verarmde weduwee van generaal. De Wet tegemoet te kom. By ander geleenthede is dit om haar naam aan 'n kultuur organisasie te verleen vir hul briefhoof, of selfs om die skugter en afgetrede mev. Hertzog sover te kry om haar eggenoot te vergesel na Grootte Schuur, die ampswoning van die Suid-Afrikaanse premiers, het sy dit elke keer met oorgawe gedoen. Selfs in die verhewe, hoewel enigsins patetiese vriendskap van Tibbie met Emily Hobhouse is dit die veel sterkere Emily Hobhouse, die intellektuele, die rasionele, die onafhanklike, die geestelike en emosionele rots, wat by die minder sterk Tibbie, emosionele steun, lafenis en vertroosting vind.

Na President Steyn se dood het sy haar met die toenemende strewe van die Afrikaners vereenselwig. Met haar sagte manier het sy groot invloed onder die Afrikaners uitgeoefen, op Geloftedag die 16 Desember 1916 het sy die Vrouemonument in Bloemfontein namens Emily Hobhouse onthul wat spesiaal van Engeland af gekom het maar weens siekte nie verder as Beaufort-Wes kon reis nie. Haar gestalte het nog verder gestyg deurdat sy haar beywer het vir die opheffing van die geruïneerde volk en dat sy haar na die president se dood ten volle kon gee sonder om tot die drukgang van die politieke lewe toe te tree. Dit het aan haar "bykans onaantasbare status verleen", vrymoedige paspoort tot alle groeperinge binne die Suid-Afrikaanse samelewing en daarbuite. Dit alles het sy onwillekeurig verwerf deur absolute integriteit, 'n beminlike persoonlikheid, die luisterryke Steyn-naam en haar lewe van smetlose selfopoffering. Sy het 'n posisie in die Suid-Afrikaanse samelewing verwerf wat geen ander vrou haar kon nadoen nie – sonder dat sy dit begeer het of dit doelbewus nagestreef het. So het sy dan ook die benaming van "volksmoeder" in die Afrikaanse pers gekry.

In die twintigerjare is mev. Steyn reeds beskryf as "die liefling van haar volk", sy het ook 'n groot rol gespeel deur in 1921 £ 2300 in te samel vir Emily

Hobhouse om vir haar 'n huis te kan koop aan die kus van Cornwall uit dankbaarheid vir haar dienste tydens die Anglo-Boereoorlog. In 1922 het sy met die hulp van mev. J Hamman 'n skrywe aan generaal Smuts gestuur waarin hulle gevra dat hulle mielies aan die Duitse regering skenk aangesien die Unieregering enige finansiële skenkings sou oorweeg nie. Met die hulp van 'n mans komitee onder leiding van dr J. Arndt het sy in Augustus 1923 reeds 800 sakke ingesamel. In September het sy 'n telegram aan generaal Smuts gestuur en gevra dat hy die mielies vir 'n verminderde bedrag van tien sjielings per ton na Duitsland te versend. Intussen is besluit om die mielies verkoop moes word en die kontant aan hulle geskenk is. In Augustus 1923 het die Duitse kanselier van die Duitse Erelegioen Hauptman R. Heering vir Mev Tibbie Steyn saam met Ella Fischer, Eugenie Fraser asook Hannah en Elvira Kress die "Deutsche Ehrendenkmunze des Weltkriege" vir die diens aan die Duitse volk aangebied. Indien sy namens haar komitee die ere penning aanvaar sou sy een van 200 uitgelese ontvangers wees, in Duitsland het vorstelikhede soos maarskalk Hindenburg, Ludendorff en generaal Von Machensen onder die ontvangers getel. Tibbie het die erkenning waardeer maar het egter dit aan haar helpers oorhandig maar het dit persoonlik van die hand gewys. Aangesien dit 'n beginsel van haar eggenote was om nie iets van die aard aan te neem nie en dat sy verkies het om daarin met hom te verenig. Sy het egter die Duitse Rooikruismedalje aanvaar, en is ook deur die Senaat van die Ruprecht Karls Universiteit van Heidelberg op 13 Mei 1925 vereer met 'Eine Ehrenburgerschaft", die eerste keer dat die universiteit so 'n toekenning gedoen het seder sy ontstaan 540 jaar tevore. Selfs die Amerikaners het haar erken met die toekenning van die gesogte American Motherhood Award and Citation

Op Saterdag 2 Julie 1932 is die hoofbestuur van Die Voortrekkers as Voortrekkers ingelyf en as Hoofbestuur ingehuldig by die Boom van Sameswering op ou President MT Steyn se plaas "Onze Rust" ingelyf waar mevrou Tibbie Steyn teenwoordig was as eerste Hoof beskermvrou van die Voortrekkers. Die 30 November 1938 het sy die seremoniële Fakkel van die van Simboliese Ossewa trek aan die brand gesteek, vir baie tydgenootlike Afrikaners was sy ná pres Steyn se dood die laaste skakel met hulle heroïese verlede. In 1948 is sy ten spyte van haar 83 jaar gekies om Suid-Afrika te verteenwoordig by die goue jubileum van koningin Wilhelmina van Nederland se vyftigste verjaarsdag. In Suid-Afrika was haar naam, soos dr. DF Malan gesê het, "goud werd". Sy is die 3 de Januarie 1955 op die ouderdom van 90 oorlede en is teen haar wens maar op aandrang van die eerste Minister DF Malan saam met haar man in een graf aan die voet van die Vroue-monument begrawe tydens 'n staatsbegrafnis.

Sy is ook dan die enigste Afrikaner vrou wat by die Vroue-monument begrawe is.

'n Eenvoudige Boer en onpretensieus jongman wat baat gevind het by die opheffende Steyn-hand en geloof in sy toekoms, Cornelius de Preez, President Steyn se oorlogstyd adjudant, spreek sy laaste huldewoord oor Tibbie en Theunis uit aan sy dogter in sy verwikkelde Afrikaans:

Lieve Tibie [mev Visser] en Dokter

Vanaand voel ek weer om bietjie te skryf ek bewe nie (nou] so baie... Julle Moeder en ook my moeder... (het) dit met my wel (laat) gaan, die groot Moeder van Haar Volk in Suid-Afrika.

Ek kan my nie so uitdruk sus ek voel nie maar Julle kan God nie genoeg dankbaar gewees het dat Julle so 'n Moeder gehad het, en wat sou ek gewees het as Sy nie vir my 'n Moeder was. My ou President My Oubaas wat sou ek gewees het als Julie Julle nie ontferm het oor my nie. Rus sag in die hemel, U kinders en U Volk is U dankbaar...

Met liefde groete van Corneels...

Nonnie de la Rey

Sy was 'n kind van die veld,
in die oorlog menigte se held,
pioniers kind
het jy in haar vind,

vreesloos voor het Nonnie voor Methuen gestaan,
dit was die perd van Adaan,
sy sou hom nie aan die Engelse afstaan,
dit moes hy mooi verstaan,

sy was vir die natuur lief,
sy het die veld gekies,
bo 'n ramp
van 'n konsentrasie kamp,

die besondere vrou,
het Elandsfontein herbou,
en mielies geplant
terwyl die generaal besig met die opbou van die land,

nooit het sy haar misnoeë gewys,
eerder haarself as volksmoeder bewys,
Nonnie De La Rey,
sal jy ons vrouens kom lei,

Jacoba Elizabeth (Nonnie) de la Rey (gebore Greeff)gebore die 28 ste Mei 1856 in Tulbagh waarna sy in die Paarl gedoop is haar ouers was Hendrik Adriaan Greeff en Suzanna Maria (gebore Redelinghuys). Om Nonnie te verstaan moet mens na haar vorming jare kyk, anders as vroue van haar tyd was sy nie net 'n Greeff dogter of mevrou De la Rey nie, sy was 'n persoon in eie reg.

Tydens haar kinderjare is sy onderwerp aan 'n pioniers-lewe waartydens sy baie van oorleef in die veld by beide haar ouers geleer het, so ook 'n diep Christelike geloof. Hierdie faktore het ook verder bygedra tot die vorming van haar lewensopvatting met 'n definitiewe raamwerk waar-binne sy as Boerevrou gepas het.

Haar vader Hendrik Adriaan Greef het reeds op agttien besluit om sy ouerhuis te verlaat vol geloof en verwagtinge om sy eie toekoms te bou, hy het op daardie stadium by 'n befaamde wamaker in Worcester gewerk, waar hy die ambag van wamaker bemeester het. Maar sy avontuurlus en 'n onkeerbare hunkering na die vreemde het hom laat besluit om noordwaarts te trek. Alhoewel De Vos met teleurstelling van Greeff afskeid geneem het, het hy hom £25 as afskeid geskenk gegee so het Greef in 1848 vol vasberadenheid na die binneland vertrek. By die Vaalrivier het hy saam paar helpers 'n pont gebou. Vroeër moes die trekkers op die rivieroewer wag vir die watervlak om te daal voordat hulle die rivier kon oorsteek. Eensklaps het hy 'n florerende besigheid gehad wat hy later teen £400 verkoop het.

Met 'n wa vol handelsware het hy, na waar die wild volop was, getrek. Tydens de tog is hy egter beroof en het met slegs sy perd en £25 in sy sak na die Kaapkolonie teruggekeer.

Sy hunkering na die vreemde en wilde binneland het hom weer oorweldig en hy is weer die binneland in die omgewing van die Grootrivier het hy kennis gemaak met 'n trekboer Jan Redelinghuys en sy gesin, een van die dogters Suzanna Maria Redelinghuys het "n besondere indruk op hom gemaak en hulle is die 16 de Julie 1857 getroud op Hopetown deur ds. J Murray.

Aangesien Susanna se pa self 'n trekboer was, was sy gewoond aand die leefstyl en het sy Adriaan se avontuur-lus en rusteloosheid begryp en getrou saam met hom getrek. Sy het geweet hoe om 'n tuiste van 'n wa te maak en die gevaar van so trekkerslewe het nie haar geesdrif gedemp nie. Daar kan na haar gekyk word as 'n deug-same vrou soos beskryf in Spreuke 31 met haar eienskappe van moed en dapperheid, onderdanigheid aan haar man en in 'n mate van self-opoffering ter wille van eggenoot en gesin, Godsdiens het in die pionierslewe gespeel en die Bybel was die belangrikste rigsnoer vir die Greef gesin.

Wes Transvaal in die omgewing Potchefstroom aan gekom waar sy dodelik siek geword het Adriaan moes 'n dokter gaan haal, die probleem was egter dat die enigste beskikbare dokter alkoholiese neigings gehad het. Adriaan het probeer om hom nugter te hou maar was onsuksesvol en het besluit 'n dronk dokter behandel nie sy kind nie, en het eerder 'n ander dokter op 'n ander plek gaan haal. Nadat Nonnie genees is, het hy naby Marico waar hy twee plase, Elandsfontein en Doorn-fontein gekoop het.

Sy treklus het weer opgevlam en hy en sy gesin het, bestaande uit die driejarige Nonnie en tweejarige Lenie het in 1859, na Elandsfontein

Toe Nonnie drie jaar was het hulle na 'n moeisame trek in ongunstige weersomstandighede, nie bekend met die omgewing nie en daar was meer leeus was as wat hy verwag het maar die belaglikste was die tekort aan water.

Weens die droogte, was hy nie seker waar water te vinde was nie en moes hulle dae lank trek sonder om water teë te kom, dit was ook buite die kwessie om om te draai. Hulle het vorentoe getrek met die geloof dat hulle water sal kry, die situasie was so hopeloos daar was nie eens water om koffie te maak nie. Verder het hule slegs soggens en in die laat middag getrek ter wille van die osse. Die bloedige son het die diere se dors vererger, maar die ergste was sy twee dogters se gehuil na water. Adriaan het tot God gebid onder 'n Witstinkhoutboom, waar hy belowe het hy sal op vyftigjarige ouderdom terugkeer en God weer op dieselfde indien dit geskied dat die reis verder voorspoedig verloop hy sal terug keer na dieselfde plek en God sal kom bedank en loof wat hy in 1878 sy belofte nagekom het, saam 'n groot aantal vriende en familie selfs in teenwoordigheid van die predikant. Die belofte en die herdenk byeenkoms het so groot indruk op Nonnie gemaak en het sy die 6 Mei 1906 net soos haar vader, het sy ook in die teenwoordigheid van familielede en vriende haar dank en toewyding aan die Here by die witstinkhoutboom gaan betoon heet.

Tydens die tog het haar vir Nonnie verskeie keer met haar kennis oor die veld met plante gesond gemaak. Nonnie het weens hulle trekkers lewe nie veel van 'n intellektuele opvoeding as kind gekry nie, die Transvaalse kinders van haar leeftyd was oor die algemeen selde blootgestel aan akademiese opleiding weens 'n tekort aan skole. Beide ouers was egter besonders godsdienstige en egter gesorg dat hulle kinders 'n sterk godsdienstige opvoeding gekry het en die basies van lees en skryf geleer het. In 1869 het Nonnie hulle op dertien 'n Ierse onderwyser gekry wat besonder knap was, hy het egter 'n alkohol probleem gehad en weereens het Adriaan hom ontslaan as gevolg van sy afkeur tenoor die oormatige gebruik van Alkohol.

Een van die grootste mylpale wat 'n jongmens kon bereik, was volgens die Boere wanneer die katkisant gereed was om geloofsbelydenis af te lê en sodoende in die kerk aangeneem te word as volwasse lidmaat. Nonnie het haarself deeglik voorberei vir dié geleentheid, Aangesien leraars skaars was is sy deur haar ouers voorberei, die ouderdom waarop dooplidmate gewoonlik aangeneem was vyftien jaar en volgens die lidmaatregister van die Nederduitsch Hervormde Gemeente, Potchefstroom, het sy op 3 Junie 1871, presies ? week na haar vyftiende verjaarsdag, lidmaat van die Nederduitsch Hervormde Kerk geword. Volgens haar latere herinnering skrif was sy egter slegs veertien jaar oud toe sy lidmaat geword het aan gesien ds. Dirk van der Hoff, spesiaal na hulle gemeente sou kom om die diens van haar en 'n paar ander katkisante se aanneming waar te neem. Toe Nonnie hom meedeel dat sy nog nie vyftien jaar oud was nie, was sy reaksie volgens haar soos volg: "Dat paar weke nie saak maak nie aangesien dit maand sou wees voor hy weer daar verby kom. Na Nonnie haar "Boerematriek" geslaag het, het die belangrikheid van verdere onderwys op die agtergrond verdwyn.

Toe Lichtenburg in 1873 as dorp geproklameer was op die plaas Doornfontein waar die Greeffs in daardie stadium gewoon het Adriaan 'n klein gedeelte van die plaas vir homself uitgehou. Hy het egter die plaas Klipbankfontein, sowat 8 km buite Lichtenburg gekoop en het in 1874 met sy gesin daarheen verhuis en die plaas die naam Manana, gegee het, is afgelei van die Spaanse woord wat "môre" of "daeraad" beteken. Nonnie wat teen dié tyd al agtien jaar oud was en het om Lichtenburg met al sy mense en aktiwiteite te hou, sy het nie Maar getrou aan haar opvoeding was sy gehoorsaam aan haar vader wat 'n patriarg was.

Kort nadat die gesin hul woning betrek het, het 'n indrukwekkende 27- jarige jongman genaamd Jacobus Herculaas de la Rey by die plaas op gedaag, hy het van Schweizer-Reneke gekom en was op 'n handels tog na Marico. Hy was reeds op agttienjarige ouderdom 1865 veldkornet onder Louw Wepener in die oorlog teen die Basoeto en aangesien sy tog oor

Lichtenburg gegaan het, het hy besluit om Greeff as kommandant van Lichtenburg, op sy plaas te besoek. Hier het hy 'n paar dae oor gebly waar die agttienjarige Nonnie 'n besondere indruk op hom gemaak het met haar skoonheid, en haar lang hare en haar groot en bruin oë. Koos het ook 'n besonderse indruk op Nonnie gemaak. Paar maande later was die Greeffs en Koos beide in Kimberley waarna Koos weke later weer die Greeffs besoek het en om Nonnie se hand gevra het, haar moeder het egter nee gesê. Omdat haar drome nie haar ouers se goedkeuring weggedra het nie het sy wat heeltemal aan haar ouers onderdanig was alles in haar vermoë gedoen om van Koos te vergeet, sy het deelgeneem aan die sosiale aktiwiteite waar sy heelwat jongmense van haar ouderdom ontmoet het. Sy het geglo dat indien Koos de la Rey nie die man vir haar is nie, daar iemand anders sou wees nie. Nadat Koos 'n brief aan haar geskryf het 'n weer gevra het om te trou wat sy aan haar moeder gewys het, het haar ma toegestem en is hulle op die 24 Oktober 1876 getroud. Nonnie was twintig jaar oud toe hulle getrou het en Koos 29, waarna hulle 'n 38 jarige huwelik saam sou geniet met gedeelde d van vreugde en swaarkry tog het hulle mekaar aangevul en ondersteun soos van 'n gelukkige huwelik verwag sou word.

Op die plaas waar hulle gewoon het, het dit voorspoedig gegaan, daar was volop water, en die grond was baie vrugbaar, Nonnie het die boerdery laat floreer soos min boere dit sou kon doen. Toe Transvaal die 12 de April 1877 geannekseer is, het daar ontevredenheid teen Brittanje onder die Boere posgevat. Gedurende hierdie tydperk was Koos de la Rey al hoe meer betrokke by regeringsake. Hy was reeds in 1876 as veldkornet verkies en was ook verantwoordelik vir die opmeting van plase en is hy daarbenewens as Naturellekommissaris vir Wes-Transvaal aangestel. Koos De la Rey se toenemende betrokkenheid by regeringsake het tot gevolg gehad dat hy dikwels moes rondgaan en selde tuis was en Nonnie was nie gaande daaroor nie. Omdat hy gelukkig gelyk het, het sy hom bygestaan deur van sy verant-woordelikhede op die plaas oor te neem. Hier is die spreekwoordelike agte elke suksesvolle man staan 'n vrou want sy moes al meer en meer die boerdery op haar skouers neem.

Aangesien dit harde werk was om die boerdery aan die gang te hou was dit vir 'n vrou nog moeiliker en het hulle 'n plaas voorman aan gesteld maar toe sy hom vang slaap in plaas van werk het sy hom afgedank en self eerder die volle boerdery op haar skouers geneem. Verder het Nonnie negatief gevoel teenoor die eerste Vryheidsoorlog in die sin dat sy bang mans die mans vir wie sy lief was kom iets oor, wat wel ook so gebeur het deurdat haar pa wat kommandant was tydens uitvoering van sy pligte nat gereën het wat gemaak het dat hy siek geword het en op die ou einde sy dood veroorsaak het.

Koos De la Rey is in 1885 verkies as kommandant van Lichtenburg, 'n bedekking wat hy tot in 1893 beklee het, toe hy as Volksraadslid vir Lichtenburg verkies is. Hy sou vir nege jaar lid van die

Z.A.R. Volksraad wees. Bogenoemde pligte sou baie van De la Rey se aandag verg, met die gevolg dat Nonnie die meeste verantwoordelikheid vir die bou van hul woning op haar skouers moes neem. Die kennis wat sy tydens die vorige huisbouery opgedoen het, het nou baie handig te pas gekom en die feit dat huisbou as "mannewerk" bestempel is, het haar teen dié tyd glad nie meer gepla nie.

Tussen 1880 en 1899 het Nonnie haar plek in die gemeenskap vol gestaan as moeder, as vroe, as boerin. Met die uitbreek van die Tweede Anglo-Boereoorlog op 11 Oktober 1899, het 'n tydperk van lyding en ontwrigting weer aangebreek wat alle groepe van die Suid-Afrikaanse samelewing sou raak. Die Boerevroue in besonder het genoegsame rede gehad om die oorlog as 'n bittere skeidsmuur tussen hulle en hul geliefdes te ervaar. Vol durf moes hulle die onsekerheid van elke dag oorkom en terselfdertyd die verantwoordelikhede wat onder normale omstandighede aan mans toegeskryf is, op hul skouers dra. Nonnie was 'n vrou wat van geeneen van bogenoemde elemente gevrywaar was nie. In haar stryd om oorlewing het sy 'n heldin geword.

Op 4 Oktober is Koos De la Rey, as veggeneraal van die Lichtenburg kommando, na Polfontein, 'n plaas ongeveer veertig kilometer wes van Lichtenburg vertrek. Nonnie van haar eggenoot afskeid geneem. Sy was besorgd oor wat van haar en die kinders sou word en het vol onsekerheid van haar man afskeid geneem maar ook van haar oudste seun Adaan. Soos die ander belangrike offisiere se eggenotes, het sy ook op 12 Oktober 1899, 'n paar dae na De la Rey se vertrek en nadat die oorlog uitgebreek het, het sy haar spaider ingespan om hom op Polfontein te gaan besoek.

Die Sondag die 3 de Desember op Adaan se negentiende verjaarsdag was haar gedagtes konstant by hom die oggend toe sy haar susters oppad kerk toe ontmoet het, het hulle almal swaarmoedig geword omdat hy sy verjaarsdag onder oorlog omstandighede moes vier. Nonnie het angstig op nuus van die front gewag. Maandag het sy niks gehoor nie, Dinsdagaand het sy 'n telegram gekry met die boodskap dat alles wel is. Die volgende dag het sy met 'n swaar gemoed wakker geword die wolke was die oggend dig gepak en nadat dit gereën het, het Nonnie buite rondgestap. Iemand (waarskynlik een van die kinders) het haar skielik geroep, juffrou Maartens, dogter van die landdros, se aankoms bekendgemaak. Sy het deur die huis gestap en Nonnie in die agterplaas ontmoet. De la Rey het 'n droewige boodskap, gedateer 29 November 1899, aan sy vrou via die landdros van Lichtenburg gestuur Die boodskap het gelui: "Heden ontsliep ons geliefde zoon Adriaan zoo zach in mijn armen aan een kogel wond hem gisteren in een hevig gevecht is toegebracht. Het lyk zal morgen alhier te Jacobsdal ter aarde besteld worden: Hoe hard het ook voor ons allen is God heeft het alzoo besloten zijt verder gegroet."

Bloemfontein het pas op 13 Maart 1900 in Britse hande geval, en die Boerekommando's het in ?

Noordelike rigting geretireer. De la Rey was bewus daarvan dat sy oppad was, want hy het sy militêre sekretaris, Ignatius Ferreira, gestuur om haar op Vereeniging te ontmoet en verder te begelei. Die spoorwegamptenare daar het haar treinwa egter Sondag 18 Maart om vyfuur die oggend op ?Die spoorwegamptenare daar het haar treinwa egter Sondag 18 Maart om vyfuur die oggend op ? syspoor gestoot. Sy was daar vir 25 uur vertraag. De la Rey was sodoende verplig om self na Vereeniging te gaan om haar te ontmoet. Om sesuur die Maandagoggend is die wa aangehaak en was hulle eindelik onderweg na Kroonstad. Die 14 de Mei het by Mafeking aangekom en 'n poging aangewend om Kolonel BT Mahon te ontsnapping te stop, Lord Roberts was egter oppad van Bloemfontein af. Die 23 het De la Rey weer op Elandsfontein aangegaan, 5 dae later het swartes gekom en al hulle vee gebuit op bevel van die Engelse.

Terwyl Nonnie 'n die kombuis besig was het sewe ruiters gekom en haar huisraad se voorraad vernietig en toe alles wat hulle wou hê vir hulle geneem. Daarna het sy in die dorpshuis gaan bly waar 'n Indiër genaamd Ajam Abed wat De la Rey en sy gesin besonder goedgesind, omdat De la Rey ? deel van die dorpserf tot sy lewenslange beskikking vir die voer van sy besigheid gestel het. Het Abed besluit om Nonnie en die kinders in die geheim van voedsel en ander lewensmiddele voorsien terwyl die Britte Lichtenburg beset het.

Al wat sy na die Engelse en swartes se plundering oorgehad het was twee perde waarvan een nog daar sin was, op 'n dag het die Engelse daar op gedaag om die twee perde te konfiskeer, sy het egter ''n afspraak met die bevelvoerder, generaal Archibald Hunter, wat gesê het sy kan haar perde behou. Hunter het niks van die konfiskeer van die perde geweet nie.

Ongeveer twee maande na die aanvanklike besetting van Lichtenburg op deur die Engelse op die 26 ste Mei 1900, het die hulle uit die omgewing onttrek. Op 10 Augustus het De la Rey en generaal Jan C. Smuts in Lichtenburg aangekom. Die inwoners van Lichtenburg was verlig dat die Britse magte weg was, hierdie optimisme sou egter weer vinnig deur die daaropvolgende realiteite van die oorlog vervaag word. In 'n poging om generaal Christiaan R. de Wet in te haal en te ontmoet waar hy en sy Vrystaatse kommando's deur Lord H.H. Kitchener noordwaarts gejaag is, het De la Rey en Smuts op 14 Augustus na die distrik Rustenburg vertrek. De la Rey was skaars weg toe die Engelse onder leiding van generaal C.W.H. Douglas die dorp in September beset het. Verder verwoesting sou nou volg, soos Nonnie gou weer ervaar het toe hulle al haar skape by die plaas kom haal het een van haar swart skaapwagters gevind waar hy getrou op haar gewag het. Hy het daarin geslaag om tweehonderd van hul skape terug te kry en het hulle op 'n veilige plek versteek.

Teen November het Lord Methuen se kwartiere in Lichtenburg gemaak, een van ie eerste dinge wat hy wou doen was on haar perde te kom haal sy het egter geweier en het hom gaan sien. Nadat sy voet by stuk gehou het, is sy aangesê om hom die volgende oggend om nege-uur te gaan spreek, aanvanklik kon hy haar nie sien toe sy vol durf haar opwagting gemaak het nie, maar moes aanhoor dat Methuen te besig was om haar te spreek. Sy was woedend en het bewer sy is vir die gek gehou, toe sy weer op die wa wou klim het Methuen haar wel kon sien, sy hom gevra dat hy nie haar twee perde moet neem nie, want die een het nog aan haar gestorwe seun, Adaan, behoort. Dit wil voorkom of Methuen as persoon 'n besonder simpatieke en vriendelike mens was, want hy het haar hand geskud en haar beloof dat die perde nie van haar weggeneem sou word nie. Sy het hom bedank en tevrede na haar tuiste teruggekeer. Op 'n dg het Methuen by haar opgedaag met 'n bevel dat hy haar huis moes afbrand, hy het egter nie paar dae later het hy haar aangesê dat sy en haar dogter binne 'n halfuur na Mafeking moes vertrek, op 'n reënerige Saterdag 1 Desember 1900 het sy met haar ses kinders vertrek waarvan die jongste drie was.

Ten spyte van haar onsekerheid oor die toekoms, was sy goed geskool om onder moeilike omstandighede in die veld te oorleef. Die pionierslewe waaraan sy vroeg in haar lewe saam met haar ouers gewoond geraak het, het haar onwetend op haar swerwersbestaan tydens die oorlog voorberei.

Haar merkwaardige onverskrokkenheid het sy die vreemde in 'n stryd om oorlewing aangedurf. Sy was seker die bekendste van al die vroue wat tydens die oorlog voortvlugtende gebly het om sodoende die konsentrasie-kampe te vermy.Net soos 'n mens geheg raak aan 'n kamer waarin hy slaap, het sy lief geword vir haar wa. Al haar besittings was in hierdie wa gelaai en snags het dit 'n welkome beskutting teen wind en weer gebied. Sy onthou hoe haar bediendes, wanneer 'n storm opgesteek het, moes swoeg om die seil styf genoeg gespan te kry sodat die wind dit nie heeltemal van die wa afwaai nie. Bedags, wanneer die son op sy warmste was en daar geen bome of koelte in die omgewing te vinde was nie, het sy en die kinders maar noodgedwonge onder die wa gaan lê. Soms was sy gelukkig genoeg om op plaashuise af te kom wat nie heeltemal deur die Engelse vernietig is nie. Vanaf Desember 1900 tot Mei 1902 het sy met haar voortvlugtende gesin dus op 'n groot variasie van plekke gewoon. Omstandighede was soms haglik en die skuilplekke was nie almal ewe gerieflik nie. Hulle was egter genoodsaak om die beste van elke omstandigheid te maak en het gevoel dat hul veel slegter daaraan toe kon gewees het indien hulle in 'n konsentrasiekamp sou beland het. Nonnie in Desember 1900 met 'n voorraad koffie uit Lichtenburg vertrek het, het die meeste burgers suiwer koffie alreeds as 'n luukse bestempel. Teen die einde van die oorlog het Nonnie self uit voorraad geraak en moes sy die voorbeeld van die burgers volg om 'n plaasvervanger te soek. Sy het patats in klein blokkies gesny, dit oor die vuur gerooster en dan in 'n verhouding van 'n kwart maat koffie en 'n driekwart maat patats gemeng.

Nadat Methuen met die slag van Tweebosch op 7 Maart 1902 gewond is, het sy onder andere beskuit aan hom gestuur. Die meel het egter nie vir altyd gehou nie en toe haar voorraad tydens die laaste paar maande van die oorlog gedaan was, moes sy haar koffiemeule gebruik om nuwe meel te maak. In Maart 1902 het sy nog 'n vet hoender gehad wat sy vir Methuen geslag het. Daar gekom, het sy eers by haar man seker gemaak of dit die Methuen was wat sy ken. Dit was die man wat haar uit Lichtenburg gestuur het en sy het daarop aangedring om hom te sien. Met haar en haar dogter, Ada, se aankoms by sy tent het die burger Tom Leask hulle meegedeel dat Methuen geen besoekers wil ontvang nie. Toe Methuen besef dat dit Nonnie was, het hy gevra dat sy in sy tent gelaat word. Die skeidsmuur wat tussen Boer en Brit bestaan het, is in hierdie geval deur 'n wedersydse konsiderasie oorbrug en 'n unieke vriendskap is tot stand gebring wat vir jare na die oorlog nog sou voortduur. Skaapvel is in die meeste gevalle gebruik is om die klere te lap en sy het op 'n keer klere gemak vir een van die kinders van 'n groen kleed van 'n snoeke tafel blad en 'n Union Jack wat Generaal Kemp vervreem het,

Godsdiens en die beoefening daarvan was in die algemeen 'n baie belangrike faktor in die daaglikse lewe van die Boer. Die oorlog het hierdie godsdienssin in die heelwat gevalle verder na vore gebring. Die 25ste herdenking van die De la Rey-egpaar se huwelik op 24 Oktober 1901 was vir beide Koos en Nonnie 'n belangrike dag. De la Rey het spesiaal dié oggend 'n manelpak aangetrek, maar in plaas van 'n feestelike dag was De la Rey en sy kommando in 'n geveg teen kolonel S.B. von Donop te Kleinfontein waarin die Boere swaar verliese gely het. Die geveg was só skielik dat De la Rey nie kans gekry het om iets anders aan te trek nie en moes toe met wapperende swaelstcrtc die geveg in.

Toe Sy vroeg in Junie 1902 die nuus ontvang dat vrede uiteindelik aangebreek het, was dit die einde van haar swerwers jare. 'n Lewenstyl wat sy vir agtien maande volgehou het, was finaal verby. Die uitkoms van die oorlog het haar met bitterheid gevul. Was al haar beproewinge en opofferinge dan verniet? Alhoewel die omstandighede vir haar heel onverstaanbaar was, was sy dankbaar dat die oorlog tot 'n einde gekom het. Tydens Nonnie se omswerwinge gedurende die Anglo-Boereoorlog, het haar onverskrokkenheid en drang na oorlewing sterk op die voorgrond getree. Sy het onder die moeilikste omstandighede daarin geslaag om haar moederlike pligte voort te sit en haar huislike sfeer, alhoewel ontwrig en grootliks tot 'n wa beperk, steeds te laat funksioneer. Sy het nie net na haar eie behoeftes en dié van haar kinders omgesien nie, maar steeds daarin geslaag om haar eggenoot by te staan en te ondersteun, selfs terwyl hy op kommando was. Dit kom voor of sy haar rol as Boerevrou met net soveel erns en oorgawe as voor die oorlog vertolk het.

Voordat die egpaar na hul plaas Elandsfontein kon terugkeer, moes hulle eers saam met generaals C.R. de Wet en L. Botha 'n amptelike reis na Europa onderneem. Op 30 Julie 1902 het die Saxon uit Tafelbaai gevaar. Die geselskap het bestaan uit die drie generaals, Botha, De Wet en De la Rey, die pasgetroude Ferreira's (Ignatius was steeds De la Rey se sekretaris), Dirk van Velden (Botha se sekretaris) met sy eggenote, ds. J.D. Kestell en die twaalfjarige seun en naamgenoot van Louis Botha. Nonnie was die enigste generaalsvrou in die geselskap en het almal onder haar vlerk geneem.

Op 16 Augustus 1902 het die geselskap in Londen aangekom waar die Boeregeneraals in 'n aantal samesprekings betrokke geraak het. Op 13 Desember 1902 het hulle na Suid-Afrika teruggekeer.

Omdat hulle woning op Elandsfontein tydens die oorlog tot op die grond afgebreek is, het die De la Rey-gesin voorlopig in die dorp gaan woon. Die gesin was nou weer 'n eenheid nadat die oorlog asook die daaropvolgende besoek aan Europa 'n mate van ontwrigting in die gesinslewe veroorsaak het. Intussen het sy die verantwoordelikheid op haar skouers geneem om Elandsfontein tot sy vorige glorie te herstel en het en so die rol van argitek, boumeester en toesighouer vertolk. Haar kennis van huisbou wat sy reeds vroeg in haar lewe opgedoen het, het sy in alle bekwaamheid toegepas. Nie net was sy verantwoordelik vir die beplanning van die huis nie, maar sy het self gehelp om die stene te maak.

Teen 1908 het die vier Suid-Afrikaanse kolonies teen 'n snelle pas in die rigting van unifikasie beweeg. Die eerste sitting van die Nasionale Konvensie, wat met die oog op unifikasie byeengeroep is, is vir 12

Oktober van dieselfde jaar te Durban belê. De la Rey was een van die Transvaalse afgevaardigdes, Nonnie het in hierdie tyd steeds voortgegaan met haar aktiwiteite op die plaas waar sy na die kinders omgesien het.

Op Saterdag 11 Julie 1914 het 'n swaarmoedige Van Rensburg vir die eerste keer sy opwagting op Elandsfontein gemaak. Na 'n goeie nagrus het De la Rey in die teenwoordigheid van sy dogter Polly, aan hom die geleentheid gebied om dit wat so swaar op sy hart gelê het, met hulle te deel. In groot erns het Van Rensburg 'n onheilspellende visioen, wat direk met De la Rey verband gehou het, aan hulle bekendgemaak: De la Rey is sonder 'n hoed in die visioen – iets wat Van Rensburg besonder onrustig gestem het, omdat dit volgens hom niks anders as die dood beteken het nie. Verder het hy 'n wit papier en daarop die syfer vyftien in swart gesien. Hierdie papier hang oor Lichtenburg. Van Rensburg het ook blou water gesien waarop groot kurkproppe dryf. Iets baie klein onder die water skiet boontoe en dan sink die groot prop. (De la Rey het dit herken as duikbote en torpedo's). Daarna is al die kurkproppe weg. Aan die anderkant van die water het Van Rensburg 'n groot man gesien wat na Suid-Afrika terugkeer. Die man is mooi aangetrek met goue knope aan sy baadjie en goud aan sy hoed. Hy dra 'n lang swaard aan sy sy. Wanneer die man terugkom, sien Van Rensburg weer die wit papier met die swartsyfer vyftien daarop. De la Rey is weer sonder hoed. Die man van die vreemde trek toe sy mooi klere uit en haal sy swaard af. Hy sê hy wil dit nie meer dra nie

Die volgende deel van die gesig was seker die onrusbarendste. Van Rensburg word aangehaal: Ek sien van die Noordekant kom 'n lang wit wa wat met stoom werk. Daar is nie juis veel mense in die wa nie; net 'n paar. Ou Tante [Nonnie] is ook daar met die kinders en jy ook, Polly. Daar is pragtige blomme, blomme net waar jy kyk. Daar is baie kos in die wa, maar julle eet nie. Oom was ook daar, maar Oom is sonder hoed en dit is nie goed nie. Die wa staan by baie plekke stil, en dan kom daar baie mense saam. Hulle is baie treurig. Dit het iets met Oom Koos te doen. Oom moet tog versigtig wees. Ek sien die wa kom Lichtenburg toe. Dit word donker en die lanferdoek hang weer oor die dorp. Dwarsdeur die land hang die vlae aan kort stokke. 'n Groot perdekommando kom van die [sic] Schweizer-Reneke se kant af. Hulle lê en slaap sommer so op 'n oop plek onder die bome. Dit is nie oorlog nie; dit het iets met Oom te doen. Ek sien vreeslik baie van die stoomwaens kom. Hulle kom almal na Oom toe

Toe Brittanje op 4 Augustus 1914 'n ultimatum aan Duitsland rig en so dus die Eerste Wêreldoorlog aan die gang gesit het, het Botha besluit dat Suid-Afrika aan die kant van Brittanje die wapen teen Duitsland moet opneem. De la Rey was erg hierteen gekant en het gevoel dat die tyd aangebreek het om die Britse beheer af te werp. Die Lichtenburgse burgers is deur hom versoek om op 15 Augustus 1914 gewapend by Treurfontein bymekaar te kom.

Botha, wat hiervan te hore gekom het, het De la Rey tot verantwoordelike optrede gemaan. Die vergadering by Treurfontein het vreedsaam verloop en De la Rey het daarin geslaag om die Boere voorlopig te kalmeer. Op 5 September het Nonnie haar man gegroet. Die stryd wat in sy gemoed geheers het en die onsekerheid oor die toekoms het die afskeid 'n bittere ervaring gemaak. Min wetend dat hy nooit sou terugkeer nie, het De la Rey Nonnie op Elandsfontein agtergelaat.

Sy in beginsel teen die Rebellie van 1914 gekant was, maar het tog simpatie met die rebelle wat gevange geneem is, gehad. Op 24 Januarie 1915 het sy 'n bemoedigende brief aan generaal C.R. de Wet geskryf waar hy deur die Regering aangehou is. Na die rebelle die 10 de November 1917 'n boete van £110 000 gekry het was sy een wat die Helpmekaar-beweging in die lewe geroep om met die insameling van die groot som geld te help. In Lichtenburg was daar ook 'n vroue komitee waarvan Nonnie ere voorsitster was

Tydens die Dingaansfees in 1915 het sy 'n skare op George toegespreek waar 'n streng godsdienstige atmosfeer geheers het, sy het na die Rebellie verwys en genoem hoe De la Rey teleurgesteld was oor die onenigheid wat daar in Afrikaner geledere oor hierdie aangeleentheid geheers het en hoe haar man bereidwillig was om sy lewe vir sy volk op te offer. Sy het haar toespraak afgesluit deur die Regering tot barmhartigheid te maan. Tydens Dingaansdag in 1920 is 'n monument ter ere van die Boerevroue en –

kinders wat tydens die Anglo-Boereoorlog in die konsentrasiekampe gesterf het, op Klerksdorp deur Nonnie onthul.

Daar is telkens verwys na Nonnie se onverskrokkenheid, vryheidsin, selfstandigheid, godsdienssin, offervaardigheid, lyding, besieling, gasvryheid en haar bekwaamheid om onder die moeilikste omstandighede brood te bak, seep te kook en kerse te maak en nie vir enige "mannewerk" terug te staan nie. Nonnie het haarself as prototipe van 'n ware Boerevrou uitgebeeld en haarself met die tipering van die Afrikanervrou geïdentifiseer tydens die Anglo Boere oorlog.

In 1915 is daar ook in die Kaapse koerant, De Burger, na Nonnie as volksmoeder verwys Nonnie ingesluit, was egter ook in eie reg vroue wat die respek en bewondering van vele geniet het.

Nonnie was die baie sieklik teen Julie 1923 het sy by haar dogter, Polly in Lichtenburg gebly. Haar siekte het gemaak dat sy die 12 Augustus 1923 ontslaap het.

'n telegram van mev. Tibbie Steyn werp lig op hoe 'n vrou, wat net soos Nonnie deur die Afrikaners as volksmoeder bekroon is, haar gesien het. Sy skryf: "Diep seer diep gevoel ik die dood van een moeder in Israel ontvang my innerste deelneming voor u en familie god trooste u almal in ure van bitter beproeving."

Cornelia de Wet

Cornelia
was 'n boervrou as jy vra,
een in murg en been,
die generaal kon op haar steun,

Cornelia,
is baie deur die Engelse gepla,
bloed geld aangebied
deur haar swaer Piet,

Cornelia
swaer Piet se sending was verniet,
al was sy gedoen het was om swaer Piet
haar huis verbied,

Cornelia
is deur Kitchener gevra teken die vertoë,
sy het hom deur gelees,
toe skeur sy hom op voor sy neus,

Cornelia,
is toe met verbanning gedreig,
hulp van die engel het teen haar beginsels in gedruis,
die goewerneur het gesê sy sal les in die kamp leer,

Cornelia,
wou nie die vredesbepalinge aan hoor,
sy sou eerder die generaal wou verloor
as om haar land te verloor,

Cornelia Margaretha De Wet (gebore Kruger), is
gebore die 22 Desember 1856 in Middelpoort
Bloemfontein, sy was die dogter van Izak Johannes
Christiaan Kruger en Cornelia Margaretha Kryger
(gebore Lombard), daar het sy haar skool opleiding
ontvang in Mev Nel se skooltjie vir drie aande haar,
toekomstige man was ook hier op skool alhoewel nie
gelyktydig nie, sy het by Carl Brander 'n Duitser haar
katkisasie opleiding ontvang en is deur ds G. Radloff
as Belydende Christen lidmaat bevestig of soos in
volks mond haar "Boere Matriek gekry" Sy was
allesins 'n merkwaardige persoonlikheid -'n tiepe van
die vrou van die geslag wat nou byna tot die verlede
behoort -die tipiese Voortrekkers vrou; die vrou wat vir
haar kon vind in die toestande waarin 'n jong volk
verkeer in 'n land wat nog "mak gemaak " moet word.
Ja, sy was 'n natuurkind, vir wie dit nie iets vreemds
was om te stry teen die on geriewe van die eensame
plaas, waar alles nog reggemaak moes word nie; waar
die ploeg nog niks anders doen as nuwe grond te
braak nie. Sy het dit ook in haar kinderjare elke more
gedoen soos van haar verwag sou word. Die 23 ste
Julie1873 het sy met die negentien jarige Christiaan
Rudolf de Wet getroud, saam sou hulle nog diep
spore trap in die geskiedenis van Suid-Afrika. Cornelia
was in alle opsigte net soos haar bekende man en

Boeregeneraal CR De Wet 'n tipiese produk van die Voortrekkergeslag wat haar onmiddellik voorafgegaan, sy was gehard en gestaal teen die aanslae van die lewe, in al haar doen en late was sy beslis en doelgerig.

Sy het groot geword in 'n tyd waar die Basoeto's oor die grens gekom het en groot troppe vee weggeroof het, in so lewe waar haar Vader gereeld op kommando was en later haar man het sy het sy die worsteling ers as dogter en later as vrou en moeder leer ken, om as vrou die man se werk moes doen terwyl hulle kommando diens moes do. So het sy en haar man na hulle huwelik tot laat saans op die lande gewerk om hulle plaas op te bou., Sonder m haar huishoudelike take af te skeep, sy het gewerk me haar kind in 'n tjalie agter haar rug was gebind. Haar skoonpa het haar eendag besoek en 'n opmerking gemaak oor sy die vloerpolitoer en laat aand op die lande werk" Met stormloop was Christiaan en Cornelia de Wet twee siele van een metaal.

Met die uit breek van die Anglo- boereoorlog toe De Wet is opgekommandeer is saam met twee van sy seuns is nog twee aangesê om saam te gaan. Alhoewel sy nie die beste gesondheid genie het nie het sy saam haar volk it mee geleef en was sy bereid om alles te gee. Later het 18 Engelse troepe haar op die plaas besoek en verewaentjie, en vyf waens afgeneem, en haar vier perde en 64 osse, toe hulle haar vra na die twee kanonne wat generaal De Wet afgeneem het was haar antwoord as sy kanonne gehad het sou hulle nie haar waens af geneem het nie op die grond gegooi, en daarop getrap, dat dit kraak.

Sy was tipies die Afrikaner vrou van daardie tyd, die vrou se plek is haar huis.' Dit was die leuse van die Afrikanervrou voor 1900 tog het hulle tydens die Anglo Boereoorlog hulle mans en seuns aangemoedig om te gaan veg en aan te hou veg en nie oor te gee nie." Vroue het geredeneer dat hulle nog 'n man kan kry, maar nie nog 'n Boere Republiek vry van Engelse oorheersing nie. Cornelia was een van die mees merkwaardigste vroue in juis hierdie siening en het vir haarself die wêreld warm gemaak om by haar geloof oortuigings te staan. Vir die vryheid van haar volk en vir reg en geregtigheid het sy die grootste ontberinge gely en moes herhaaldelik groot offers bring. Toe die oorlog uitbreek, moes sy met haar agt kinders – drie seuns was reeds op kommando-van die plaas vlug, wat later deur die vyand op 'n skreiende wyse verniel is. Die Engelse het haar genadeloos vervolg omrede hulle geglo het dit sou kon help dat Generaal De Wet sou oorgee.

Hierna moes sy vlug met haar kinders en het gewoon op Renosterpoort naby die Vaalrivier op die plaas van 'n familie lid David Marx, en toe hy krygsgevangene geneem s het hy aan Cornelia gesê sy vrou sal alles met haar deel al is dit haat laaste mielie pit. Later het sie Engelse dan ook Marx ge huisie aan die brand gesteek en is sy gewaarsku hulle kom haar ook haal. Na haar kindjie wat tydens die oorlog gebore is het Generaal De wet en generaal Froneman daar aangekom en haar meegedeel dat hy haar die nag sou kom haal en na 'n veilige plek sou neem. Hy het haar dan ook kom haal en na Klerksdorp se kant geneem, maar ook hier het die Engelse haar nie alleen gelaat nie en moes sy gereeld vlug. Ook in die veld is sy deur die Engelse agtervolg en op 'n keer ingehaal met die versoek dat £10 000 aan haar gewaarborg sou word, indien sy generaal. De Wet sou oorhaal om die stryd prys te gee. Hierdie pure Afrikanervrou het net één antwoord gehad: "Ek weier om so 'n gemene ding te doen. Ek sit liewer met my kindertjies agter 'n doringboom as om daaraan te dink om van die bloed van die martelare wat reeds gesneuwel het, vir my 'n skans te maak."

Eindelik was die Engelse oral rond, en bevind sy haar "vasgekeer." Dit was op 'n plaas van Gert van Eden, Delareyskraal, nadat sy 'n dag of ag daar is, word dit vir haar aangesê dat sy met al die vroue daar op die plaas sou weggevoer word. Dit gebeur ook. Op 2 Desember 1900 is sy op 'n lang-tentbokwa, met sewe-en-twintig ,vroue met hulle kinders, gebring na Koekemoer spoorwegstasie. Die volgende dag was almal in 'n perde trok gesit, en aan hulle is vertel dat hulle voedsel sou kry op Potchefstroom, maar dit is nie gebeur nie. Daarna is die trein na Krugersdorp. Almal het honger gely, want dit was eers die volgende dag dat hulle vier hop brode en enige blikkies beef gekry het. Uiteindelik is sy en haar kinders tog op 'n ruwe wyse na Johannesburg weggevoer. Daar moes sy agt maande rustig in 'n eenvoudige huisie woon, maar sy het botweg geweier om haar voedsel rantsoene te gaan haal. Sy het besluit dat sy niks uit die hande van die vyand sal aanvaar nie, vriende het egter vir haar help sorg tydens die tyd het haar huis verbied.

Sy is kort daarna vir die laaste tien maande na die konsentrasie kamp Merebank gestuur op Pietermaritzburg. Toe Kitchener weer met een van sy propaganda metodes probeer oorreed om waarin hy dreig om alle Boereleiers wat nog veg indien hulle gevang word hulle lewenslank verband het 'n groep wankelmoedig vroue 'n versoekskrif in die kamp op te stel om hulle mans te smeek om die stryd te laat vaar. Terwyl paar vroue Cornelia nader om haar te versoek om die versoekskrif ook te teken het sy belangstellend hom oop gevou en aan stukke geskeur.

Party vroue was hieroor boos; maar vir verreweg die grote meerderheid was die fiere daad van mev. De Wet 'n grote verligting. " Dankie, " het sy van alle kante gehoor: "non is ons tog verlos "Hierdie daad het gemaak dat Kitchener vir haar 'n leedvermakerig 'n brief laat ontvang het dat sy en haar kinders eers daags verban sou word.

Dit kan goed verstaan word dat mev. De 'Wet, om hierdie stuk, die ongenoeë van die gesaghebbende magte op haar gehaal het, en sy moes dit hoor dat sy met verbanning uit Suid-Afrika bedreig was; maar na haar verhaal deur die Goewerneur wat 'n onderhoud aan haar toe gestaan het, met hom toe haar in die onderhoud die versekering gegee het dat sy in die kamp sou kan bly. Die kamp lewe het toe maar, met al sy ongemak en ellende, van dag tot dag en maand tot maand voortgeduur.

later toe die kamp kommandant aan haar vra of sy na die Vredesafkondiging wil kom luister was haar fiere antwoord ”Ek het liewers gesien dat my man se graf' en sy wys daar op die grond voor haar” gegraaf word as wat dic wapens neergelê word. Hier wil ek nogal een punt maak wat my opval van die navorsing van hierdie boeke die vrouens hier van sie 1900 was die moederlike tipe dit het in die begin twintigs verander In 'n mate Tong in die kies gesê stem ek nie heeltemal saam dat vrouens stemreg het nie, tog kies al die vreedsame oplossing), ek wonder net wat sou daardie stoer boere vrouens van daardie tyd gekies het. Ons sou seker ook nog teen Kitchener en die Engelse geveg het.)

Niks besonders het gebeur nie, totdat dit bekend word dat die vrede gesluit is. Dit het spoedig dat die vrede nie ten gunste van die Boere is gebeur en mev De Wet het haar kinders belet om te gaan luister na die Lees van die proklamasie Die Goewerneur het na die kamp gekom en, bepaald, 'n besoek aan mev De Wet gebring. Sy het hom met alle betoon van eerbied ontvang, en in haar hut hom 'n koppie tee aangebied. Die eerste vraag wat hy haar doen, was of sy na die afkondiging van die Vrede gaan luister het. "Nee" was haar antwoord. "Die Boere," is nou aan haar gesê, "het die stryd opgegee, en dit is nou gelukkig weer vrede." 'n Aaklige vrede het sy gesê mev De Wet "Ek het dit liewer gesien dat my man se graf daar-en sy wys op die grond voor haar-gegraaf was as dat die wapen sou neergelê word " Na die oorlog het sy die plaas moes opbou terwyl Generaal De Wet gaan fondse soek het vir die Afrikaner volk wat vernietig was met Kitchener se verskroeide aarde beleid. Julie 1902 het generaal De Wet haar en hulle kinders op die plaas agter gelaat terwyl hy saam generaals Botha en De la Rey na Europa vertrek het om finansiële hulp te gaan soek.

Dit was die eerste massa beweging van Afrikaanse vroue. In die woorde van mev. Joubert, die eggenoot van generaal. Piet Joubert: "De dochters van Zuid-Afrika zijn ontwaakt!" Die rebellie wat tussen 1914 en 1915 plaasgevind het, het politieke spanning en verdeeldheid tot gevolg gehad. Die inhegtenisneming van die rebelle leiers het die simpatie van vroue dwarsoor die land aangegryp. Op 4 Augustus 1915 het 6 000 afgevaardigdes, wat 65 000 vroue uit alle dele van die land verteenwoordig het, en gewapen met 40 000 handtekeninge, na die Uniegebou gestap. 'n Versoekskrif is aan die Goewerneur-generaal voorgelê, maar hy het nie die konstitusionele mag gehad om op te tree nie. Die rebelle se strawwe is later verminder: generaal De Wet is reeds in Desember op parool vrygelaat. Cornelia het deel geneem al het sy haar op die agtergrond gehou en was sy in swart geklee. Sy is oorlede die 16 de Julie 1936 in De Wetsdorp op haar grafsteen kan mens steeds 'n beeld sien van 'n vrou wat in papier opskeur

Johanna Brandt

Johanna Brandt was 'n merkwaardige vrou,
ons kan mos die Kappie kommando onthou,
sy was 'n Boere spioen,
sy het alles vir haar volk gedoen,

saam Kaptein Naude,
was daar min waarvoor sy sou sê sou nee,
sy het dit geniet,
om dinamiet uit te smokkel,

maar ons sal haar ook onthou,
as stigters vrou,
van die Nasionale vroue party,
sy wou die vroue party,

sy het 'n visioen gesien een donker nag,
die Egiptiese nag wat op ons wag, ,
gesien wat in Suid-Afrika gaan gebeur,
die vrees wat in die land gaan wees,

in een dag het sy grys geword,
wat gaan van haar geliefde land word,
sy het die anargie gesien wat die swartes wil hê
gesien hoe dit haar land lam lê.

Johanna Brandt (Van Warmelo) is gebore in 18
November 1876 haar ouers was die bekende
Predikant Nicolaas Jacobus van Warmelo van die

Zoutpansberg gemeente ook die enigste predikant by Paardekraal en haar moeder Maria Magdalena Elizabeth Maré. Sy het basiese onderrig by 'n verarmde Engelsman mnr Yliff gekry. Op die ouderdom 12 het sy onderrig gekry by Good Hope Seminary for Young Ladies in Kaapstad, vier jaar later keer sy terug na Heidelberg en ontvang later opleiding by die Doringfontein Kollege in. Sy was as kind baie sieklik en het op die ouderdom 14 amper gesterf aan witseerkeel. Johannesburg. Op 17-jarige ouderdom raak sy verloof maar die verlowing het niks van gekom nie soos sy dit self stel "When a foolish child of seventeen engages herself to a man who is not a Christian and who would never make her happy" sal dit nie werk nie. Na haar vader se dood in 1892 vertrek sy en haar ma op 'n ses maande lange reis deur Europa en hulle vestig hulle daarna in Pretoria op die Van Warmelo-landgoed Harmonie in Sunnyside. Hier word hulle goeie vriende van onder meer president Paul Kruger, generaal Piet Joubert en die staatsekretaris, dr. W.J. Leyds. Tydens die Jameson inval het sy by haar oom in Florida gekuier en toe die probleem uitbreek het sy te perd teug gekeer na haar moeder se huis, dit was 'n nuwe karakter trek wat haar moeder nog nie van haar opgemerk het nie.

13 Mei 1897 het sy en haar moeder na Europa gereis waar sy in Duitsland musiek gaan studeer, tydens hierdie reis het sy Louis Ernest Brandt 21 Oktober 1897 ontmoet, sy het sporadies tydens die ABO met hom gekommunikeer, die 10 November

1901 het hulle verloof geraak. Sy was 'n vurige Transvaal se patriot en het verwys na die ABO as Franchise War "Stemreg oorlog" Tydens die Parade die 5 Junie 1900 het sy 'n vierkleur lint gedra, in haar hoed nadat die Britte Pretoria beset heet. Tydens die parade het 'n Engelse soldaat gesê dank die Here die oorlog is verby waarop sy geantwoord het Tommy Atkins die oorlog het nou eers begin , en hoe waar het daardie woord nie uitgedraai nie.,

Alhoewel Johanna geen formele opleiding gehad het nie het sy vanaf 8 November tot 26 November by die Volkshospitaal langs die Artilleriebarakke in Potgieterstraat werksaam, later was sy hulp verpleegster by die Staatsmeisjesschooll waar hulle hulp aan die Rooikruis aangebied het. Sy het ook diens gedoen by die Bourke-hospitaal waar Britse soldate behandel is. Na die Irene kamp het die organisasie "Irene Vrywillige Verpleegsters" ontstaan die 12 Mei 1901 het sy daar gaan werk. Die 25 April 1901 het sy 'n verslag aan die joernalis William Stead gestuur oor Irene Konsentrasie kamp wat dit gepubliseer het in sy Pro-boere publikasies. Johanna het intussen ophou verpleeg by Irene sy het twee maande by Irene verpleeg voor sy weens swak gesondheid moes ophou, maar het die 27 September 1901 opdrag gekry om terug te keer na Irene as Hulpverpleegster, sy het haar moeder en haar eie swak gesondheid voorgehou hoekom sy nie kan nie, in der waarheid was dit oor haar en haar moeder se spioenasie-aktiwiteite. Sy en haar moeder het geweier om huisvesting aan die Britse soldate te gee. Na hulle haar broer Dietlof besoek her, het hulle bewus geword van Mev Cilliers (JF Celliers se Vrou) wat betrokke was om burgers te help ontsnap wat as skakel persoon opgetree het, en reeds in Mei 1901 was hulle betrokke met die hulp aan mans wat uit Pretoria wou ontsnap en weer gaan veg het.

As spioen het hulle ingeskakel by kapt JJ Naude sy het hom die 18 Junie ontmoet toe hy vir haar ma inligting moes gee oor "n konferensie van generaals De Wet, Botha en De La Rey en Smuts sowel as President Steyn waar hulle besluit het om die stryd voort te sit. Mev Warmelo het gesorg dat die verslag by President Kruger en Leyds uitkom in Nederland. Waar hulle aan die begin onskuldig nuus uit gesmokkel het, het die Warmelos nou volwaardige spioene geword. September 1901 het sy vir die Geheime Diens Kommissie dinamiet wat in ' 'n huis in Pretoria versteek was gaan optel en aan 'n ander spioen oorhandig sy het ook 'n rol gespeel aan dinamiet en lont wat versend was wat gebruik was om treine op te blaas. Augustus 1901 het GJE van Nikkelen Kuper nadat hy gevang is verskeie spioen ontbloot, en is hierdie vrouens gevang 'n maand na die verhoor het Johanna 'n nuwe spioenasie netwerk saamgestel Mev Van Warmelo was resident en sy Johanna sekretaresse en mev Honey, Malan, Armstrong as addisionele lede hulle het verslae na President Kruger gestuur. Sy het ook die Suurlemoensap metode gebruik om boodskappe na president Kruger in Europa te versend sy het haar versendings in blou koeverte gedoen as hy vir die tussenganger 'n wit koevert gegee het was daar 'n boodskap in suurlemoensap geskryf.

Junie 1902 het sy na Nederland vertrek om met hom in die huwelik te tree in die tyd het hulle President Kruger wat in Utrecht was besoek, sy en Louis het die 28 Augustus 1902 in die huwelik getree. Na hulle aanvanklik verblyf in Niezil vertrek hulle die 7 de November met die Avondale van Southampton na Kaapstad. Die 28 Desember het hulle in Kaapstad aangekom en die 6 Maart het die Brandts die beroep na Zoutpansberg aangeneem. Sy het die stigtings vergadering van die SAVF in 19 Oktober 1904 bygewoon wat deur Mev Solomon en Annie Botha gehou is in Pretoria, sy het die 20 April 1905 die tak in Pietersburg gestig. Sy reik ook die boek uit in 1905 - Het Konsentrasie-kamp van Irene, en in Januarie 1906 het sy die oprigting van weefskool in die Zoutpansberg gestig In 1908 het die Brandts na Fordsburg Johannesburg verhuis. In 1910 het sy 'n boek geskryf Die kappie Kommando of Boerevrouwen in die geheime dienst wat in 1912 gepubliseer verskyn, en is in episodes in die Brandwag Jan F.E. Celliers verwerk haar biografie in 1912 in 'n suiwerder Afrikaans en in 1913 in druk verskyn het. Die Brandts het JBM Hertzog se Nasionale party gesteun, sy steun die Rebellie van 1914 openlik en voorsien die rebelle wat in die tronk is met melk en vrugte. Nadat die Rebellie misluk het, is sy sekretaris van die eerste kongres van die Nasionale Vroueparty in Johannesburg. Die doel van hierdie party was om te werk om die rebelle te bevry en vir hulle families te sorg, terwyl dit ook geaffilieer is met die toe nuut gestigte Nasionale Party. Sy is dus medestigter en later ere-president van hierdie party en was kampvegters vir die verslane rebelle. Johanna het 'n stigterslid geword van die Vroue Nasionale Party (VNP) in Johannesburg en was aktief betrokke by die vrou optog teen die Rebelle se boetes. Sy was ook 'n stigters lid van die Helpmekaar beweging wat geld ingesamel het vir die rebelle se boetes. In 1915 skryf sy onder die skuilnaam "Moeder Vernuf" in die Volkstem "Ik is amper bang om an die saak te roer, want ik is ook, op een of ander manier onskadelike manier een 'Stemreg-Vrouw'. Nie dat ek verlang om stemreg te hê of te gebruik nie, maar omdat ik weet dat daar duisende vrouwe in die wêreld is, met tyd en geld en bowenal, met bekwaamheid, om land en volk te dien op een andere manier dan die vrouwens wat voor die bevolking moet sorg en hulle hande vol het met hul huishoudens. En dit lyk vir mij verkeerd, dat hulle nie kan stem nie al wil hulle" Sy was 'n voorstander van vroueregte maar nooit 'n aktiewe feminis nie. In 4 Augustus 1915 neem sy aan die vroue optog deel waar 6000 vroue 'n petisie wat deur 65 000 vroue onderteken is na die Uniegebou geneem en aan waar hulle die versoekskrif aan Goewerneur-generaal burggraaf Buxton by sy ampswoning oorhandig het.

Op die vooraand van haar moeder se dood op 7 Desember 1916 in Pretoria ontvang sy 'n profetiese visioen oor die toekoms van Suid-Afrika, waarin daar aanduidings is van 'n donker toekoms vol geweld, met onder andere 'n groot aanval deur swart mense op witmense in Johannesburg. Sy en siener van Rensburg wat mekaar glad nie geken het nie se visioene stem in 'n groot mate oor een. Sy publiseer hierdie visioene in 1918 en dit vind ook aansluiting by soortgelyke profesieë van Siener van Rensburg. Haar vierde visioen was oor 'n ramp wat Suid-Afrika gaan tref, die boodskapper het haar wakker gemaak en gesê die tyd is min en hy het nog een visioen vir haar om te sien, maar voor jy jou oe oopmaak, kyk, in die nabye toekoms van Suid-Afrika maar moenie struikel nie, sy het 'n ontstellend visioen gehad , die visioen was so erg dat sy gehuil het, met vrees in haar oe het sy uit geroep spaar Suid-Afrika, toe vra die boodskapper haar wat sien sy: k sien hoe ons beeldskone land aangeval word deur 'n orkaan, wat snaaks was dat die skielike onverwagsheid van die storm, dit was so erg tot die aarde het gebewe, daar was donderweer en bliksemstrale en dreigende wolke en dan was daar 'n stort reën van vuur en hael, op die aarde, orals was bloed en verwoesting wat gedreig het om alles van die aarde af e vee. Toe sien sy hoe mense soos blare deur die wind oor die aarde gewaai het. Haar 5de visioen was hoe 'n miniatuur swart assegaai voor haar op die grond lê dan sien sy die begin van 'n staking wat oor die hele land versprei, en die letters XL wat hoog in die lug hang. Alles het tot stilstand gekom self die groot besighede en groot huise was gesluit en verlate niks het meer gewerk nie. Die staking was so intens dat die hele land lam gelê is, Terwyl dit gebeur het die swartes 'n spesifieke nag in Johannesburg gereël waar hulle in Johannesburg saamkom waarna sy gesien het hoe moord deur die wit gebied versprei het. Duisende en duisende sal vermoor word deur die :Egiptiese nag: wat in Johannesburg sal begin. Weens die terreur het haar hare in een nag grys geword. Sy reik ook die boek uit in 1918 - Die Millennium, Die dood van Johanna se moeder in 1916 was vir haar traumaties en sy het geglo dat sy visioene gesien het waaroor sy die boek Millennium geskryf het een voorspelling en in 1920.

Nadat sy na bewering haarself van maagkanker genees het, publiseer sy 'n boek oor 'n druiwe kuur, in 1921 Die nuwe wyn wat onder andere groot invloed uitoefen op die latere geskrifte van Essie Honiball. Sy reis weereens deur die land om die druiwe kuur bekend te stel en stuur pamflette daaroor na Europa en Amerika. Sy kry uitnodigings om die kuur te kom demonstreer en vertoef onder andere vir hierdie doel meer as 'n jaar in Amerika. Vir hierdie navorsingswerk kry sy die eredoktorsgraad van die Amerikaanse Skool van Natuur-genesing in New York, die eredoktorsgraad van die Naturopatiese Vereniging in Oregon en ook die M.A.-graad in Genesing. Na haar terugkeer na Suid-Afrika neem sy 'n babadogtertjie aan met die doel om haar op te lei as opvolger in haar natuurgenesings werk, maar hierdie droom is nie bewaarheid nie

In 1923 het hulle na Vereeniging verhuis, in 1930 het hulle verhuis na die gemeente Kensington/Turffontein. behalwe dat sy musiek bestudeer het. In 1925, in Amerika in 1928, in

Johannesburg in 1930, in Switserland in 1938 en in Engeland in 1939. Verder is sy stigter van die Harmonie-skool van Natuurgenesing en word in 1938 verkies as erelid van die Eugène Field Society in Amerika as een van die veertig beste skrywers oor natuurgenesing van die twintigste eeu tot op daardie stadium. Rita van der Merwe skryf die studie Johanna Brandt en die kritieke jare in die Transvaal 1899–1908, waarvan haar lewe en ervarings in hierdie tyd die onderwerp is

Na haar man se dood in 1939 in 'n ongeluk het sy haar grootliks aan die openbare lewe onttrek. Sy swerf rond en bly by vriende en haar kinders en in gehuurde kamers, waarna sy 'n woonstel in Nuweland in Kaapstad huur. Haar en haar man se versamelde navorsings bronne word daarna in die argief van die Nederduits Hervormde Kerk in die Dirk van der Hoff-gebou in Pretoria bewaar.

In 1958 verwerk Johanna self die biografie in moderne Afrikaans, terwyl sy dit terselfdertyd redigeer en verkort en hierdie weergawe word gepubliseer as Die Kappie Kommando. Sy is die 13 de Januarie 1964 op 88-jarige leeftyd oorlede

Haar profetiese visioen word gepubliseer as Die Millennium, een voorspelling en in Engels vertaal as The Millennium – A prophetic message to the native tribes of South Africa. Hierdie visioene word ook deur Annelize Morgan te boek gestel in haar boek wat in 1994 gepubliseer is onder die titel Die visioene van Johanna Brandt

In 2000 reik die Suid-Afrikaanse Poskantoor 'n reeks seëls oor die skrywers oor die Anglo-Boereoorlog uit, wat bekendes soos sir Arthur Conan Doyle en Winston Churchill insluit. Johanna verskyn saam met Sol Plaatjie en die Anglo-Boereoorlog medalje op die R 1.30 seël

Leila Reitz

Die eerste vroulike LV gewees,
vir Parktown was Leila gewees,
het sy chaos veroorsaak,
of het sy gestaan vir 'n goeie saak,
wat het sy in die parlement gemaak,

vurig het sy haar saak gestel,
oor dinge wat tel,
vrouens en die jeug,
met 'n kinderwet,
wou sy hulle red,

armblanke het haar ook geraak,
skerp intellek kan sy spreek,
oortuigende en opregte medelye betoon,
sy het haar sê onomwonde gesê,
'n kampvegter vit hulle gewees,

dit was haar plig,
om die SAWAA te stig,
hier moet ek en sy verskil.
Jan Smuts het ons verkul,
deur met die Engelse te heul,

'n Nasionale Noodregulasie is geproklameer,
vrouens mag vliegtuie in die oorlog beheer,
'n vroulike hulpdiens is gestig,
om vir die Engelse se nood te gaan verlig,
wat was aan ons land aan die gebeur.

Leila Agnes Buissinne Reitz (gebore Wright) is gebore die 3 de Desember 1887 in Kaapstad. Sy was die dogter van Claude Wright, 'n geneesheer van Wynberg. Nadat sy in 1905 het sy haar Matriek eersteklas geslaag aan die High school for girls, het sy aan die Suid-Afrikaanse Kollege in Kaapstad haar B.A. Graad met onderskeidings in Geskiedenis met behaal. Tussen 1910 en 1913 het sy aan die Newnham College in Cambridge in Engeland gestudeer met 'n beurs van die Kaapse universiteit. Sy was 'n kranige Tennis speler en was kaptein van die vroue tennis span van Cambridge teen dié van Oxford. Na haar studies het sy na Suid-Afrika terug gekeer en geskiedenis aan die Universiteit van Kaapstad gedoseer tot sy in 1920 met Kolonel Deneys Reitz in die huwelik getree het. Sy het reeds vroeg in haar getroude lewe verbintenisse met die Suid-Afrikaanse Party gehad. (Sappe) toe sy Kol Deneys Reitz gesteun het in sy politieke loopbaan, en later in eie reg as uitvoerende lid van die vroue-afdeling van die Party, die Witwatersrandse dagbestuur en die nasionale hoofkomitee. Saam met Bertha Solomon het sy haar voor 1930 beywer dat vroue stemreg kan kry,

Nadat die NP-regering van J. B. M. Hertzog in 1930 die Wysigingswet op Vrouestemreg in 1930 goedgekeur het word Leila Reitz die 17 Mei 1933 in die eerste verkiesing waar vrouens kon stem verkies as die eerste LP vir Parktown vir die Suid-Afrikaanse Party. Sy het haar beywer vir die vereniging van die partye van generaals. Hertzog en Smuts om in 1934 die Verenigde Suid-Afrikaanse Nasionale Party te vorm, die samesmelting van die Britse en Afrikaner seksies van die gemeenskap en die behoud van Britse nasionaliteit .

Sy het haar binne en buite die Volksraad beywer as 'n vurige kampvegter vir vroueregte, aan die begin van die dertigerjare was Suid-Afrikaanse elite bekommerd oor die stabiliteit van die sosiale orde en hul bevoorregte posisie daarin. Arme en werkersklas swartes en blankes is sedert die begin van die minerale revolusie in die laaste derde van die negentiende eeu onregmatige betrek wat hulle in haglike lewens- en werksomstandighede laat beland het. Verder het die ekonomiese verwoesting wat deur die Groot Depressie (1929-32) veroorsaak is die omvang van armoede en verset by die werkers en die noodlottige sowel as die middelklas-blankes se gevoel van onveiligheid intenser gemaak. Onder die klein minderheid elite was die grootste kommer oor die tempo van bevolkingsgroei onder ondergeskikte en ongewenste sosiale groepe nie. Uiteindelik het die senuweeagtigheid oor die toekoms van 'Europese beskawing', die gewilde term van die dag vir die blanke minderheidsregering, 'n beweging aangewakker om die geboorte beperkings klinieke te open. Tog het sommige parlementslede sterk gevoel oor geboorte beperkings.

" Sommige van ons ... voel dat ons die grootste probleme gaan ondervind om ons blanke beskawing in hierdie land te handhaaf, en dit is 'n punt waarop ons moet konsentreer as ons gaan deurgaan. ”- Leila Reitz, eerste vroue parlementslid, 1934“

As Volksraadslid het sy haar ook toegespits op die probleme van jeugmisdaad en die ontberinge van die Armblankes, en het gedien as lid op die Interdepartementele Komitee vir noodlottige, verwaarloosde, onregmatige en misdadige kinders en jongmense wat in 1934 gestig. Die komitee het aanbeveel vir veranderinge in die wetsontwerp op jong Wetsoortreder. Die konsep wetsontwerpe wat in 1937 deur die komitee voorgelê is, maak geen onderskeid op rasse gronde nie.

In 'n onbesonne toespraak aan die parlement het Reitz gesê: 'Ek wil dit duidelik maak aan die Huis as ons nie 'n omvattende maatreël inbring soos ek uiteengesit het nie, sal baie kort val, nie net wat ander lande bereik het nie, maar beslis ook wat in hierdie land gedoen moet word. ” Alhoewel die konsep wetsontwerp nie goed gekeur is nie, het sy 'n belangrike rol in die deurvoer van die Kinderwet (No. 31 van 1937) gespeel. Sy was ook ere-vise-president van die nasionale konferensie vir sosiale Werk

Soos reeds gesê beywer as 'n vurige kampvegter vir vroueregte, en het sy wetgewing wat daarop gemik was om egskeiding vir vroue makliker te maak, ondersteun, deur as privaat lid die wetsontwerp insake huwelik jurisdiksie in te dien en het ook in die Kommissie insake Wetlike onvermoë van Vroue gedien wat oorspronklik in 1939 aangewys is, maar as gevolg van die Tweede wêreldoorlog uitgestel is. Sy het ook haar toegespits om die voordele wat 'n universiteitsopleiding vir vroue inhou te bevorder, verder het sy die voordele wat verkry kan word uit die indiensneming van vroue in vredestyd om welsynswerk te doen en die reg van getroude vroue om permanente poste in die staatsdiens te bekom te bevorder. Haar skerp intellek, oorredende oratorium en innige simpatie met die minderbevoorregtes het van haar 'n entoesiastiese en suksesvolle sosiale hervormer en protagonis van vroueregte gemaak.

Gedurende die Tweede Wêreldoorlog was sy 'n ywerige werker wat gehelp het met die stigting van die South African Woman's Aviation Association, later die Woman's Auxiliary Air Force.

Die 5 de Desember 1939 het 110 vroue onder voorsitterskap van Leila Reitz by die Wanderers die South African Women's Aviation Association (SAWAA) gestig, later die Woman's Auxiliary Air Force. waarvan sy die President geword het. Toe die Tweede Wêreldoorlog op 3 September 1939 uitbreek, stuur die Vereniging 'n telegram aan generaal Smuts waarin gesê word: 'Die Women's Aviation Association bied sy dienste aan die Regering aan.' Op die 24 Mei 1940, tydens 'n optog van die SAWAA, is 'n boodskap ontvang van die stafhoof, generaal Sir Pierre van Ryneveld, wat lui: 'Ek en die lugmag het u nodig en het u sleg nodig.'

Op die 10 de Junie 1940 het die volgende in die Government Gazette verskyn.

Hiermee word vir algemene inligting hiermee in kennis gestel dat ek, Jan Christiaan Smuts, in my hoedanigheid as Minister van Verdediging, tevrede was onder, en op grond van die bevoegdhede in my verleen deur Regulasie 30 van die Nasionale Noodregulasie uiteengesit in die Aanhangsel tot Proklamasie 287 van 1939, gedateer 17 November 1939, om die volgende regulasies uit te vaardig:

1. Hier word 'n vroulike lugmag vir vroue ingestel wat in samewerking met die Suid-Afrikaanse lugmag geassosieer sal word en sal optree.
2. Hiermee word 'n vroulike hulpdiens vir vroue opgerig.
3. Die voorwaardes vir aanstelling en plig in een van die organisasies genoem in Regulasies 1 en 2 en alle ander aangeleenthede wat daarmee verband hou, is soos voorgeskryf deur verdere regulasies.
J.C. Smuts,
Minister van Verdediging.

Leila Reitz was meer polities georiënteerd Deneys al het hulle dieselfde politieke ideologieë gedeel, het sy steeds haar parlementêre loopbaan in 1943 prysgegee as parlementslid vir die kiesafdeling Parktown, 'n posisie waartoe sy sedert 1933 onbestrede herverkies is toe Kolonel Deneys Reitz sy aanstelling as Hoë Kommissaris van die Unie van Suid-Afrika in Londen gekry het. Na Kol Reit se afsterwe die 19 Oktober 1944 het sy terug gekeer na Kaapstad waar sy afgetree het, sy is oorlede die 29 Desember 1959 in Wynberg Kaapstad

Mabel Malherbe

Sy was stigter van die Vrou party,
sy was moeg dat die vroue in landsake agter moes
bly,
sy het haar vir vroue stemreg beywer,
tog gaan haar talente nog wyer,

ons kan seker nog vir Mabel onthou,
eienares van die boerevrou,
met die eerste vroue tydskrif op papier,
maak van haar 'n pionier,

sy het almal laat streef,
om Volks moeders te wees,
almal laat streef,
om edel soos ons voorouers te wees,

met die ink in haar are,
het sy menigte boere harte geraak,
haar droom was joernalistiek,
verplegingsdiens haar rol in die boere se stryd,

Suid-Afrika het sy eerste vroulike burgemeester
gesien,
in Pretoria het sy waardig gedien,
die eerste van vele gewees,
tot vrederegter gewees,

Mabel Catherine Malherbe (gebore Rex) is op die 9 de Augustus 1879 in Pretoria gebore, sy was die dogter van Frans Christopher Muller (Frank) Rex en sy vrou, Gezina Constantia Marais (ook genoem Jess). Hulle het nie goed klaargekom met die Afrikaanse Transvalers nie en het ook nie 'n hoë dunk van president Kruger gehad nie, hy was volgens hulle te wild en daarby nog 'n Dopper ook. Frank en Jess was by uitstek pro-Engels. Daar was egter vroeg probleme in die huwelik tussen Frank en Jess, Frank het 'n drank probleem gehad en het Jess verlaat kort na die geboorte van hulle derde kind. Hy het in die Karoo gaan woon en, alhoewel hy Engelssprekend was, was hy die redakteur van een van die eerste Afrikaanse koerante in die Karoo. Daar was altyd 'n gespanne verhouding tussen Jess en Mabel, Mabel het geglo dat sy aan 'n psigosomatiese vorm van asma gely het as gevolg van haar verhouding met haar ma. Die asma het verdwyn kort na haar ma se dood. Sy het haar skoolopleiding in Pretoria en aan die Rustenburg Girls' High School in Rondebosch in Kaapstad ontvang. Sy wou nes haar pa joernalis word en het gereël om na matriek by 'n Engelse dagblad te gaan werk. Haar ma het daarteen geskop en sy moes sak en pak terug keer huis toe in Pretoria,

Sy het 'n geweldige bewondering vir die stil, sterk, ruwe president Kruger ontwikkel en onthou dat sy ontroer langs die pad gestaan het wanneer hy in volle president mondering na die Volksraad gery het. Na die Jameson-inval het sy tot nasionale bewussyn gekom en vervul geraak met die idee om haar vaderland groot te sien. Toe die Anglo-Boereoorlog uitbreek, het sy by die Rooikruis aangesluit en eers in Pretoria en toe op die trein tussen Pretoria en Modderspruit verpleeg werk gedoen. Op haar laaste besoek aan Modderspruit het sy verloof geraak aan Kenne Nicolaas de Kock Malherbe. Na hy gevang is en as krygsgevangene na Indië gestuur het hulle jare niks van mekaar gehoor nie, want toe die Britte Pretoria op 5 Junie 1900 ingeneem het, het haar familie tydelik op Gordonsbaai gaan woon .In Kaapstad het die jong Mabel die vermoënde en invloedryke mev. Maria M. Koopmans-De Wet leer ken en met haar steun is sy op die Duitse skip, Hertzog, na Nederland waar sy aan die Diakonessehuis in Haarlem 'n driejarige kursus in verpleging gevolg het.

Mabel is op 13 April 1904, kort na haar terugkeer na Suid-Afrika, met die republikeins-gesinde Kenne Malherbe getroud. Kenne was die seun van Nicolaas Samuel Malherbe, tesourier-generaal van die voormalige Z.A.R. Kenne en Mabel het 'n goeie verhouding gehad, hy was 'n saggeaarde mens en het Mabel heelhartig ondersteun in alles wat sy aangepak het. Hy het soms grappenderwys na homself verwys as "Mnr. Mabel Malherbe". Alhoewel haar kinders Engels gesind was het . Mabel blykbaar haar kinders se politieke uitkyke en leefwyse onvoorwaardelik aanvaar. Die Malherbes het 'n tipiese Afrikaner-huishouding gehad en is dit nie vreemd dat Mabel Malherbe 'n nasionalisties -gesinde tydskrif soos Die Boerevrou uitgegee het nie. Sy was 'n produk van vrouens haar tyd en omstandighede en met 'n bepaalde geaardheid en 'n herkoms uit 'n familie met sterk oortuigings was dit onvermydelik dat haar sentimente na vore sou kom. Met haar verplegings-agtergrond en 'n belangstelling in maatskaplike sake, het in die stigtings jaar (1904) van die Suid-Afrikaanse Vroue federasie by dié organisasie aangesluit.

Met die uittrede van generaal Hertzog uit die Botha-kabinet in 1912, het Kenne en Mabel in hom die leier gesien wat die volk tot sy bestemming sou lei. Van daardie oomblik af het sy al meer haar krag en energie ingespan om op politieke gebied vir die nasionale saak te werk. Sy het Hertzog die eerste maal hoor praat by sy huis in Brynterion na die Mishoop-vergadering wat generaal De Wet in Prinsespark toegespreek het. Sy sou hom daarna op sy hele loopbaan trou volg. Sy het deelgeneem aan die vroue optog na die Uniegebou op 4 Augustus 1915 en was een van die stigterslede van die Nasionale Vroueparty in 1915 waarvan sy ook op die bestuur daarvan gedien het. In 1917 het sy op die hoofbestuur van die Federasie gedien. Van haar huis in Brooklyn (Mackenzie straat 5) was dit moeilik om die vergaderings by te woon, want met die perde-bus het dit amper 'n uur geduur om Kerkplein te haal. Sy was ook as lid van die Vroue Nasionale Party gekies en is in Januarie 1919 na die groot onafhanklikheid kongres in Bloemfontein afgevaardig daar het sy die eerste keer persoonlik met generaal Hertzog kennis gemaak waar sy hom dadelik gevra wat sy standpunt in verband met vrouestemreg was. Hy het haar beloof dat hy daaraan aandag sal gee sodra die tyd daarvoor ryp was. Intussen moes die vrouens opgelei word om hul taak en plig as stemgeregtigde burgers te kan inneem as die tyd daarvoor aanbreek. Sy was ook stigterslid van die Bond van Afrikaanse Moeders in 1919 om vrouens te help om veilig geboorte te skenk en om vroedvroue op te lei.

Eugène Marais het in sy biografie t ken gegee dat die gedagte om die eerste Afrikaanse vrouetydskrif te begin by die Malherbes, Tielman Roos en Eugène Marais gesamentlik ontstaan het. Kenne sou die kapitaal verskaf en Mabel sou redaktrise wees en Eugène het bydraes belowe. Die enigste ander vaste werknemer sou Marguerite Pienaar wees, sy is, soos Malherbe, 'n susterskind van Marais en sou die administrasie behartig. Die Boerevrou was dus 'n egte familie-onderneming. Mabel onthou: "Alhoewel ek alreeds so 'n bietjie hier en daar geskrywe het, was Die Boerevrou my eerste groot poging in die skrywers wêreld, en ek was bitter onervare en ook veels te onafhanklik om hulp en raad te vra. As ek terugdink, dan is ek verbaas dat ons dit sover gebring het. As ek toe die kennis gehad het wat ek nou besit, sou Die Boerevrou vandag nog bestaan het. My man het my trou bygestaan, geldelik ook, en ek het maar die hele ding so op eie houtjie aangedurf "

Op die voorblad van die eerste uitgawe van Die Boerevrou (25 Maart 1919) het 'n swart en wit foto van 'n Anton van Wouw standbeeldjie van 'n jongmeisie in Voortrekkerdrag verskyn. Die afbeelding is omraam en onderaan verskyn die woorde:"Ik sien

haar win, want haar naam is – Vrouw en Moeder",
aangehaal uit die digter Jan F.E. Celliers se gedig, By
die Vroue betoging. Dié afbeelding, in verskillende
vorme, sou deur die volgende byna dertien jaar die
tydskrif se embleem of kenteken word en die
aanhaling uit Celliers se gedig, 'n kernspreuk of leuse,
wat die gees en bedoeling van die tydskrif moes
aandui. 'n Kop-en-skouer sketse van die beeld in 'n
ovaal raampie het ook gereeld bo-aan bladsye van die
tydskrif verskyn. Nooit het enige van die lesers kritiek
op die leuse van Die Boerevrou gelewer nie. Eers
sestig jaar ná die tydskrif gestaak is, het Lou-Marie
Kruger het met haar feministiese studie, Gender,
community and identity: women and Afrikaner
nasionalisme in the Volksmoeder discourse of Die
Boerevrou (1919-1931), bevind dat Mabel Malherbe
deur die tydskrif 'n aktiewe bydrae in die konstruksie
en artikulasie van die Volks moeder ideaal gelewer
het. Kruger is van mening dat selfs Malherbe se
keuse van 'n spreuk vir die tydskrif tekenend van haar
pogings was om haar lesers te beïnvloed tot
aanvaarding van die ideaal. Die samestelling van die
aanhaling is volgens haar so gedoen dat dit die indruk
skep dat 'n vrou slegs suksesvol is wanneer sy 'n
moeder óók is: "... ek sien haar wen, ... want haar
naam is Vrou, en Moeder. (Dit is verbasend dat 'n
vrou soos Lou-Marie Kruger so kortsigtig kan wees,
toe dit gegaan het oor vroue stemreg moes vrouens
hulle verdedig teen argumente dat dit on Bybels is).
Self die kere drag het na die negentiger jare verander
en vrouens se belange en eie identiteit ook. Dis

volgens my is Lou-Marie Kruger se mening 'n gehap na wind.

M.E.R. het mettertyd meer bydraes gelewer vir die Boervrouw en uiteindelik is sy in 1920 per brief genooi om vir 'n proeftydperk van 'n maand na Pretoria te kom met die oog op 'n permanente betrekking by die tydskrif. Ondanks M.E.R. se aanvanklike bedenkings het sy en Malherbe mekaar in die proeftyd aanvaarbaar gevind. Sy is sak en pak met albei haar kinders Pretoria toe. Haar salaris was £20 per maand en hulle het maklik daarmee uitgekom. Dit was volgens haar in daardie tyd 'n goeie betaling vir Pretoria, wat blykbaar altyd 'n duur stad was. M.E.R. is aangestel as die sub redaktrise van Die Boerevrou en het kopieë help nasien. By Die Boerevrou is Malherbe en Hiemstra getref deur die oorspronklike sienings en individuele uitdrukkingswyse van 'n onbekende skrywer se bydraes, geteken Sy het ook 'n groot aantal stukke, stories en sketse geskryf en baie pen tekeninge gemaak. Sy het selfs 'n sang speletjie geskryf. Van toe af het Mabel gereeld na die personeel van die tydskrif as "die driemanskap op kantoor" verwys. Hiemstra moes deur die jare hulpeloos toesien hoe die vrouens sukkel en soek na Afrikaanse woorde vir sekere van die Engelse begrippe waarmee hulle grootgeword het. M.E.R. onthou hoe hy dikwels strepe deur haar anglisismes getrek het en van haar verwag het om alternatiewe woorde voor te stel. M.E.R. was gelukkig by Die Boerevrou en het goeie vriende met Malherbe en haar familie geword. "Hierdie drie, Sara, Mabel,

Marguerite, het geword, elk op sy wyse, 'n vervulling: 'n vervulling van 'n droom ..." Sy was egter nie heeltemal twee jaar by die tydskrif werksaam nie. "Haar salaris het te veel van Boerevrou se inkomste moes wegdra. As daar vir die stories en sketse wat ek geskryf het, apart betaal sou word en die hoof-redaktrise self, sonder my, alle redaksiewerk sou doen, sou dit haar ten goede gestaan het. Sy was verplig om my af te dank. Ek kon dit self so bereken, en het met haar saamgestem." Frederik Rompel en Louis Hiemstra het albei in 1921 De Volkstem vir De Burger verruil. Toe die direksie van die Nasionale Pers besluit om 'n behoorlike vroueblad vir De Burger daar te stel, het Rompel en Hiemstra vir M.E.R. aanbeveel. Die ervaring wat sy as sub-redaktrise by die eerste Afrikaanse vroueblad opgedoen het, het haar handig te pas gekom. In 1924 was daar selfs 'n poging om Die Boerevrou met Die Huisgenoot te verenig, dit sou finansiële verligting en meer vrye tyd vir Mabel beteken het, tog het sy uiteindelik daarteen besluit omdat sy nie seker was dat sy met die ander mense, met wie sy sou moes saamwerk, oor die weg sou kom nie. Die oorgrote meerderheid van die adverteerders in Die Burger was Engelstalig en hulle wou blykbaar net die versekering hê dat die vroueblad werklik 'n "ladies page" was, sonder om met die res van die blad se inhoud vertroud te raak Met hierdie realiteit moes Mabel ook vroeg reeds rekening hou. Wat haar beleid rakende leesstof en advertensies behels, het sy in September 1919 al onderneem: "Ons sal nooit iets in ons kolomme toelaat nie wat in enige opsig die sedelikheid en karakter van ons volk skadelik kan raak." Vir hierdie uitgawe is 'n advertensie vir sterk drank, wat 'n hele bladsy sou beslaan en goed sou betaal geweier. Mens moet ook Mabel se beginselvaste optrede in verband met advertensies noem, alhoewel die tydskrif van die begin af sulke geldelike steun nodig gehad het, het sy geen enkele soort medisyne laat adverteer voordat dit nie eers deur deskundiges goedgekeur is nie. Sy was nie van plan om haar leseresse, versprei op eensame plase, ter wille van die geld deur aantreklike advertensies te laat mislei nie. Die adverteerders het dikwels woedend geword en met beledigende woorde hul steun teruggetrek, maar Mabel het hardnekkig voet by stuk gehou." Die Boerevrou-redaksie is hierin ook deur die lesers gesteun.

In Desember 1926 het lesers gehoor dat die spelling kommissie van die Suid-Afrikaanse Akademie vir Taal, Lettere en Kuns aan die einde van September daardie jaar besluit het dat die spelreëls radikaal verander moet word. Mabel het haar hierteenoor uitgespreek en het 'n definitief standpunt ingeneem teen hierdie voorgestelde veranderings en gemaan dat die meeste mense kort vantevore vir die taal saak gewen is en gevolglik nie weer vervreem moes word nie. Nuwe spelreëls sou ook die aanleer van Afrikaans deur Engelssprekendes bemoeilik. Sy het wel onderneem om deur middel van die tydskrif te help om die Afrikaanse spelling meer bruikbaar te maak.

Toe 'n tak van die Nasionale Vroueraad (ook genoem Algemene Vroueraad van Suid-Afrika) in die twintigerjare in Pretoria gestig is, het Malherbe die eerste president daarvan geword. Sy het selfs hierdie liggaam in 1927 op 'n internasionale konferensie van vroue verenigings in Switserland verteenwoordig. Van 1927 tot 1933 was Malherbe lid van die stadsraad van Pretoria. Toe die Boerevrou in 1931 weens die depressie moes sluit, het Mabel Malherbe verduidelik dat adverteerders nie meer kon bekostig om te adverteer nie: "Dus het niemand eintlik skuld daaraan ons 'Vroutjie' nou haar winterslaap moet aanvaar nie." Met die staking van hierdie eerste vroueblad in Afrikaans het die redaktrise eienares, mev. Mabel Malherbe, in 'n afskeid boodskap geskryf: 'Gedenk aan alles wat goed was in die verlede en skep daaruit moed vir die toekoms.' Dis met daardie moed wat (Lou-Mari Kruger se oortuiging dat Die Boerevrou doelbewus en uitsluitlik gepoog het om die Afrikanervrou met nasionalisme te beïnvloed en sodoende bygedra het tot die skep van die Volks moeder stereotipe, verlaag die status van die tydskrif tot dié van publikasie-agent). Met die samesmelting van die Nasionale Party en die Vroue Nasionale Party in 1931, het Malherbe 'n uitvoerende lid van die Transvaalse Nasionale Party geword. Mabel het in 1932/33 – kort nadat Die Boerevrou gestaak is - is sy verkies tot burgemeester van Pretoria sy was die eerste vroulike burgemeester van 'n Suid-Afrikaanse stad. Gedurende haar ampstyd het sy gehelp om die ontsettende nood tydens die Depressie te verlig. Vir werkloses is werk geskep waarvoor hulle kos en kaartjies vir kruideniersware ontvang het en sopkombuise is opgerig om kinders by skole te voed. Toe die Transvaalse Universiteitskollege in die dertigerjare 'n onafhanklike universiteit wou word, het sy haar ook beywer om die nodige fondse daarvoor in te samel. Sy was ook die eerste burgemeester wat 'n kranslegging op burger grafte uit die Anglo-Boereoorlog uitgevoer het.

Na 'n koalisieregering tussen die NP en die SAP ingestel is, het die twee partye in 1934 saamgesmelt en die Verenigde Suid-Afrikaanse Nasionale Party gevorm. Kenne en Mabel Hertzog getrou na die Verenigde Party gevolg en sy het dadelik op die uitvoerende komitee van die nuwe party gedien. In Junie 1933 het Mabel Malherbe lid van die Transvaalse Provinsiale Raad geword en op 23 Augustus van dieselfde jaar is sy verkies tot Volksraadslid vir Wonderboom, 'n kiesafdeling wat sy tot in 1938 in die Volksraad verteenwoordig het. Sy was die eerste Afrikaanssprekende vrou in Suid-Afrika wat tot die parlement verkies is. Hier het sy al haar energie aan twee ideale gewy. Dit was die verbetering van die lot van minderbevoorregtes en die bevordering van vroue belange. Sy het in die Volksraad gepleit dat vroue tot die staatsdiens toegelaat word, dat minderbevoorregte meisies. spesiale opleiding as huishoudsters moet ontvang, dat werksgeleenthede vir blankes op die paaie geskep moet word, dat 'n indringende ondersoek na die voedings toestande in die land ingestel moet word en dat voorligting oor voeding en gesondheid aan die breë volks lae verskaf moes word. Mabel was ook die eerste vrou in die Unie wat 'n Vrederegter geword het, 'n amp wat sy moes neerlê toe sy as kandidaat vir die Volksraad voorgestel is. 'n Vrederegter was 'n persoon met beperkte regterlike mag.

Mabel is oorlede op die 1 Februarie 1964 in Nelspruit.

MM Jansen

Sy het haar Ma in Grieks en Latyn verwerf,
sy sal dat haar volk haar hart erf,
van die begin het sy 'n ding vir Afrikaans gehad,
wou gehad het ons moet hom suiwer praat,

die Saamwerkunie het 'n taak vir die junta gehad,
sy moet 'n vraestel opstel in ons moeder taal,
vier honderd en ses kandidate het deelgeneem,
die julle land het die projek gesteun,

sy was die eerste vrou op die FAK se bestuur,
God het haar vir ons volk gestuur,
sy het ons erfenis laat behoue bly,
sy het ons van Engelse oorheersing help bevry,

die rooi wit en blou,
van die Voortrekker vlag sal ons onthou,
het sy ontwerp en gemaak,
vir negentig jaar is dit al iets wat die Voortrekkers
raak,

sy het altyd aan die nasionale party getrou gebly,
al het haar man saam met die VP 'gevry"
het sy DF Malan gevolg,
op sy oorwinnings tog.

sy was een van grootste vroue figure,
in ons land se kultuur,
sy het die beste uit volk lewe versinnebeeld,
sy het haar plig teenoor volk en vaderland verrig.

Martha Mabel Jansen (gebore Pellissier) is gebore in Bethulie die 1 November, as dogter vir Samuel Henri Pellissier en Josephine Elise Johanna Roux. Sy begin haar skoolopleiding op Bethulie en gaan in st. 8 Riversdal toe. St. 9 en matriek voltooi sy aan die Hoërskool Meisieskool in die Paarl, staan eerste in die senior sertifikaateksamen in Suid-Afrika, en studeer aan die Hugenote-kollege op Wellington, toe dit nog 'n universiteitskollege was, waar sy die graad M.A. verwerf met Grieks en Latyn as hoofvakke. In 1910 is sy aangestel as onderwyseres en 'n jaar later is sy aangestel as lektrise aan die Opleidingskollege in Pietermaritzburg.

In 1912 trou sy met adv. E.G. Jansen, wat in 1906 as prokureur in Pietermaritzburg begin praktiseer het en later as advokaat geword het. Haar man het toe reeds in die oorwegend Engelssprekende Natal 'n leidende rol in die bevordering van die Afrikaanse taal en kultuur gespeel. Hy was prominent in die kultuurhistoriese verenigingslewe van dié provinsie en het onder meer in die besture van die Debat- en Letterkundige Vereniging van Pietermaritzburg gedien, wat hy in 1908 gestig het, en ook van die Voortrekker museum-komitee. Die plaaslike NG leraar, ds. George Murray Pellissier, en adv. Jansen het hulle vir die terugkoop en herstel daarvan beywer, bygestaan deur 'n komitee waarvan Jansen die sekretaris was en wat op Pellissier se aandrang in 1908 gestig is. Die komitee moes kyk hoe die kerk van algehele verval gered kon word en teruggekoop word vir die volk van Suid-Afrika en as blywende gedenkwaardigheid ingerig kon word. Op 16 Desember 1912 is die kerkie toe op indrukwekkende wyse as Voortrekker museum in gebruik geneem.

Hy het die stigting van soortgelyke verenigings elders in die Tuin provinsie aangemoedig, wat in Maart 1910 saamgebind is in die Unie van Debat vereniging en. Twee jaar ná hul huwelik het die Unie van Debat vereniging en weer gelei tot die stigting van De Organisasie van Hollandse Taalvrienden. Mev Mm Jansen se naam was onder die eerste pryswenners van Die burger se prosa-en dig kompetisie vir sy Kersnommers waarvan die eerste uitgawe in 1915 verskyn het,

Die Saamwerkunie van Natalse vereniginge is op 24 Mei 1917 in die Gedenksaal van die NG gemeente Pieter-maritzburg onder leiding van adv. Jansen gestig. Die doel was om verskillende verenigings vir Afrikaners in Natal te verenig en sodoende Afrikaners in die provinsie "tot hegte en eendragtige optrede aan te spoor". Op die eerste bestuurs-vergadering het mev. Jansen die opdrag gekry om 'n skema vir eksamens in Afrikaans op te stel. Sy het saam met mnr CM Booysen dit in September van daardie jaar voorgelê en so is die eerste eksamen in Afrikaans grammatika in Suid-Afrika gebore, deur die bogenoemde Taal bond eksamen. Reeds in die eerste jaar van die eksamen het 406 kandidate deelgeneem, onder meer die latere adv. C.R. Swart, die Latere regter LW Hiemstra en Avril Malan. Hieroor het sy gesê: "Die Afrikaanse taal moet groei soos 'n patatrank en die hele Suid-Afrika oor rank". In De Volksstem was so 'n venynige aanval op hulle oor die junta in Natal wat hom dit aanmatig om so 'n grammatika te skryf en taaleksamens af te neem. Dit was nou vir hulle vreeslik dat iemand wat nie 'n doktorsgraad het nie, so iets kon aandurf. Buiten die Taal eksamen het die Saamwerk-Unie deur sy jaar kongresse en verskillende komitees – die histories kommissie, wedstryd kommissie, uitleen biblioteek kommissie, Voortrekker kommissie, besoek kommissie, onderwys kommissie – die Afrikaners in Natal bymekaar gehou, begeester om te werk 'n voorsitter verkies is en mev. M.M. Jansen was tot die eerste dagbestuur verkies en was vir 'n geruime tyd die enigste vroulik lid van die dag bestuur waar dien as lid tot 1935. Verder was sy in Natal ook sekretaresse van die Christelike Vrouevereniging van Natal, Sondagskoolonderwyseres en kerk orreliste. Op Saterdag 30 September 1931 tydens 'n vergadering in die ou stadsaal in Bloemfontein onder voorsitterskap van Dr. N.J. Van der Merwe, is daar besluit om 'n beweging vir Afrikaanse kinders te stig. Die eerste minister JBM Hertzog het gesê:" Hierdie vereniging mag nie 'n mislukking wees nie, As dit 'n mislukking moet wees, dan is ons nou besig om die grootste klap aan on volk van Suid-Afrika te gee wat hom nog ooit toe gedien is. Want daar sal nooit weer 'n begin van die aard gemaak kan word nie"(Die Vrystaat Voortrekkers voer hierdie jaar 2020 hulle eeufees en as dit die Here se wil is vier die Voortrekkerbeweging volgende jaar 2021 sy negentigste verjaarsdag). Met etenstyd het Generaal. Hertzog, Eerste Minister van die Unie van SA, die eerste Voortrekkers in die pas gestigte beweging ingelyf. Gelukkig is hy oortuig om van siening te verander. Na ete het die vergadering hervat en is Dr. N.J. van der Merwe as Hoofleier verkies en sy as leier in Natal, later was sy ook onder leier, 'n pos wat altyd deur 'n vrou beklee moes word, in Transvaal. Sy het ook die eerste Voortrekker vlag gemaak. Sy het in die bestuur van die Kruger komitee, die Unie vlag komitee en die Argief komitee gedien en was ook lid van die Handhawersbond.

In 1933 word sy gekies as onder leier van die Nasionale Party in Natal en sy dien ook in die Federale Raad. Nadat die Nasionale Party, onder leiding van generaal. J.B.M. Hertzog, met die Suid-Afrikaanse Party saamsmelt as die Verenigde Party, speel Jansen 'n leidende rol in die heropbou van die N.P. in Transvaal en word sy lid van die sogenaamde "driemanskap" saam met adv. J.G. Strijdom en prof. C.J.H. de Wet. Dit het begin tydens die Transvaalse kongres op 9 Augustus 1934 in Pretoria wat moes besluit oor samesmelting met die Suid-Afrikaanse Party. Adv. Strijdom, Volksraadslid vir Waterberg (Nylstroom), se stem teen samesmelting is op dié kongres heeltemal uitgedoof. Hy is hoegenaamd nie toegelaat om sy standpunt te stel nie omdat dit geblyk het dat hy nie eens die primarius-afgevaardigde van Waterberg was nie. Die stemming ten gunste van generaal. Hertzog se standpunt dat die twee partye permanent moes verenig, is aanvaar met 281 teenoor 38, van wie die meeste vroue was, onder wie Mabel Jansen. Die afgevaardigdes het daarop aangedring dat Strijdom, die enigste LV wat teen die samesmelting gekant was, sy setel moes ontruim, maar hy het prontuit geweier. Die anti-samesmelters het uit die stadsaal gestap en 'n eie kongres in 'n kamertjie in die Polleys-hotel gaan voortsit. Jansen was die voorsitter en Strijdom was een van die sewe bestuurslede wat gekies is om sake voort te sit. Die advokaat het voorgestel die party behou sy naam, die Gesuiwerde Nasionale Party en van 1939 as die Herenigde Nasionale Party. In 1936 was sy ook nou betrokke by die stigting van die Voortrekkerpers in Johannesburg en die oprigting van sy dagblad, Die Transvaler. Dit was in weerwil daarvan dat haar man toe nog in die Verenigde Party 'n Volksraadslid was en die nuwe koerant juis die V.P. se mag in Transvaal moes help breek. Ten spyte daarvan dat haar man Hertzog tot in die te stigting van die Verenigde Party gevolg het nadat haar man LV van die Verenigde Party was het sy getrou vir DF Malan gevolg, so het sy dan in 1938 as N.P. kandidaat aan die Rand terwyl haar man vir die V.P. staan in Natal, hy het eers weer in 1939 by die Nasionale party aangesluit. Die 16 de Desember 1938 het sy die hoeksteenlegging saam haar man bygewoon aangesien sy ook op die Voortrekkermonument komitee was.

In 1940 verskyn verskeie van haar boeke "Sommerso" en "Erfenis". Onder die skuilnaam "Martha" (soms "Marta") publiseer het sy ook in 1923 die kinder toneelstuk "Die onnut" en in 1942 "Vrugteheerlikheid: meer as duisend maniere om Suid-Afrikaanse vrugte voor te berei" gepubliseer. Die 16 de Desember 1949 het sy weer saam haar aktief aan die inhuldiging deel geneem

En alleen saam met haar hond gewoon in hulle huis Irene, sy het dekades lank pyn verduur as gevolg van 'n moor ongeluk in die jare dertig. Later het sy in Pretoria gaan woon. In 1975 op haar 86 ste verjaarsdag het eerste minister John Vorster voor 'n uit gelese gehoor hulde aan haar gebring. In 1976 ontvang sy van Staats President Nic Diedericks 'n Dekorasie van voortreflike diens. Na haar dood op 8 Januarie 1979 het eerste minister PW Botha aan haar hulde gebring deur te sê:" Sy was een van die grootste Vroue figure in in ons volk se geskiedenis"

In 1949 onthul sy 'n monument vir Voortrekker leiers op Wolmaransstad, haar man se kiesafdeling, as deel van die aanloop tot die inhuldiging van die Voortrekkermonument en in 1950 word sy en haar man die eerste Afrikaanssprekende goewerneur-generaals paar in Suid-Afrikaans ook die voor laaste Goewerneurs paar in Suid-Afrika. In Julie 1959 ontvang sy van die Wonder van Afrikaans 'n goue penning uitgee deur die Saamwerk-Unie as huldeblyk van haar groot kultuur werk, 'n erkentlikheid wat haar besonders geroer het.. In 1962 onthul sy die Retief standbeeld in Pietermaritzburg waarvoor sy help geld insamel het. In 1969 word sy 'n ere lid van die Suid-Afrikaanse Akademie vir Wetenskap en kuns en die 11 de Julie 1974 ken die FAK aan haar die Erepenning toe vir Volksdiens. Op haar 86 ste verjaardagviering in 1975 bring die eerste minister, John Vorster, voor 'n uitgelese gehoor hulde aan haar toe hy sê: "Hier is 'n dame wat die mooiste en beste uit die Afrikaanse volkslewe versinnebeeld. Sy kan terugkyk op 'n lewe wat vol was en waarin sy haar plig teenoor haar land en haar volk verrig het." In 1976 word sy deur staatspresident Nic Diedericks vereer met die Dekorasie vir Voortreflike Diens, waar dy tydens haar toespraak gesê oor die onderneming van grammatika in Afrikaans dat dit verbasend vir haar is dat hulle nie in 1915 en 1916 'n poging aangewend het om iets daar te stel vir eksamens in Afrikaans nie, het. 'n Joernalis het haar eenkeer gevra as sy haar lewe kon oor kon kies, sou sy dit weer so wou gehad het, haar antwoord was:' Ja ek glo nie ek sou dit veel anders wou hê nie . Al moeilik pad was toe ek en my man verskil het oor politiek" (Hier kan ek net sê mev Jansen jy was reg en hy verkeerd alhoewel ek as man tong in die kies mag sê dat dit min is dat 'n man verkeerd is en 'n vrou reg is. Ek salueer u vir u beginsels vastheid) Nadat sy op 8 Januarie 1979 in die ouderdom van 89 jaar oorlede is haar grafskrif le ' Gelowend in God het sy haar volk gedien'', bring eerste minister P.W. Botha aan haar hulde deur te sê sy was "een van die groot vroue figure van ons volk se geskiedenis"

Marie Koopmans de Wet

Van kleins af is sy geleer,
om in verskeie tale te kommunikeer,
maar die een wat sy die beste kon praat,
was haar hart wat omgegee het,

die Anti-bandiet beweging,
het sy gesteun,
die Engelse wou hul kriminele,
aan die skone Kaap kom afsmeer,

Rhodes se neus,
was in die pad van die kasteel gewees,
hy geluister na goeie raad,
toe sy met hom oor die kasteel praat

by die stigting van die Zuid-Afrikaansche Taal bond,
was sy nie op haar mond geval,
Hollands was 'n edel taal,
die taal wat hulle in die Kaap moes praat

sy het gejuig,
toe die Boere onafhanklikheid kry,
maar Rhodes het gesorg dat hulle vryheid,
so mis voor die son verdwyn,

die vroue en kinders se nood was ontsettend groot,
toe het sy toe gesien,
dat hulle met kosbaarhede die konsentrasie kampe
bedien,

Maria (Marie) Margaretha Koopmans-de Wet is gebore die 18 Maart 1834 in Kaapstad, haar ouers was advokaat Johannes de Wet en Adriana Horak. Reeds as jong dogter is sy aangegryp deur die lotgevalle van die Voortrekkers, en die totstandkoming van die Boererepublieke die Oranje-Vrystaat en die Transvaal en verder het sy haar reeds op 'n jong ouderdom verset teen die Anti-Bandiete beweging, almal gebeurtenisse wat bygedra het om 'n vurige patriotisme in haar te ontwikkel. Die Anti Bandiete beweging was die oorheersende gebeurtenis in haar kinderjare, dit was 'n spontane verset in 1849 teen die Britse regering se voorneme om die Kaap as strafkolonie te gebruik vir 'n skeepslading veroordeelde misdadigers, wat vrygelaat sou word nadat hulle hul vonnis uitgedien het, wat sou beteken het dat die kaap 'n kolonie van misdadigers sou word.

Op die ouderdom van sewe het sy by ds. Johannes Spijker se Hollandse skool gegaan en daarna 'n tyd lank tuis onderrig ontvang toe sy dertien jaar oud was is sy na 'n privaat skool van Mev Midgley in Breëstraat gestuur om Engels aan te leer aangesien haar pa groot waarde daaraan geheg het om meer as een taal te kan praat daar het sy 'n anderhalf jaar opleiding ontvang. Later is sy en haar suster deur privaat leermeester onderrig in Duits en Frans asook Italiaans. Sy het tipes ander vaardighede by geleer wat belangrik was vir jong meisies hoogs mode was van daardie tyd, soos musiek, skilder en naaldwerk . As jong meisie was sy mooi en aantreklik en die portrette wys dat sy 'n besonder fyn sin vir die mode van die tyd gehad het. Maar haar innerlike skoonheid, wat gestraal het uit haar sagte blou oë en vriendelike glimlag, het getuig van haar innemende geaardheid. Sy en haar suster, Margaretha Jacoba, het as kinders 'n puik opvoeding ontvang by hulle vader, adv. Johannes de Wet.

Haar pa was 15 jaar lank lid van die Kaapse Wetgewende Vergadering nadat hy aan die Universiteit van Leiden in Romeinse en Franse reg gepromoveer het en was aktief in die opvoeding, politiek en talle ander sfere van die openbare lewe aan die Kaap, soos die stryd om persvryheid en die stigting van die Zuid-Afrikaansch Athenaeum. Onder die vele belangrike besoekers aan Strandstraat 23 was mense soos dr. Abraham Faure (van 1822 tot 1867 leraar van die NG gemeente Kaapstad), Andries Stockenström (luitenant-goewerneur van die Oostelike Provinsie), John Fairbairn (kampvegter vir persvryheid, opvoedkundige, finansier en politikus) en William Porter (prokureur-generaal van die Kaapkolonie van 1839 tot 1866. Van kleins af het sy haar vader se leidende aandeel in al sy bedrywighede gevolg, byvoorbeeld die beweging om 'n parlementêre Grondwet vir die Kaapkolonie te verkry. Dit was veral omdat hul woning die middelpunt van tale byeenkomste oor belangrike landsake was. Sy het ook die lotgevalle van die Voortrekkers en die erkenning van die onafhanklikheid van die Transvaalse Boere in 1852 en die Oranje-Vrystaat in 1854 met belangstelling gevolg. Dit het 'n nasionale bewuswording meegebring in die gemoed van die jong meisie met 'n kragtige persoonlikheid en mettertyd het sy bekend geword om haar sterk patriotiese insigte.

Op 15 Maart 1864 het sy getrou met Johan Christoffel Koopmans, 'n Nederlander van geboorte en aanvanklik offisier in die Brits-Duitse Legioen onder bevel van baron Richard von Stutterheim aan die oostelike grens van die kolonie. Hy het met 'n aanbevelingsbrief van 'n vriend van adv. De Wet in Holland by die verdieping woning in Strandstraat opgedaag. Hy het aanvallige maniere, 'n gesellige geaardheid en 'n flinkheid van optrede gehad. Die goewerneur, sir George Grey, het hom die betrekking van buitelandse korrespondent-klerk in die hoofposkantoor aangebied omdat hy ses Europese tale magtig was. Kort daarna is Marie se moeder oorlede, waarna die sorg van die huishouding oorgegaan het op die ongetroude Margaretha; en op 15 Junie 1875 ook haar vader. Slegs vier jaar later, in 1879, het ook haar geliefde eggenoot gesterf (aan 'n nierkwaal), 'n slag wat sy nooit heeltemal te bowe gekom het nie, soos daaruit blyk dat sy nooit weer haar rouklere afgelê het nie

In 1881 het hulle 'n reis na verskeie Europese lande onderneem en die familielede van haar oorlede man leer ken, onder wie die latere redakteur van Die Volkstem dr. Frans Engelenburg. Op hierdie reis het sy in gesiene kringe beweeg en is selfs aan die hof van koning Willem III van Nederland ontvang. Toe hy enkele jare later sterf, het sy 'n persoonlike brief van leedbetuiging aan koningin Emma gerig en 'n pragtige krans gestuur.

Een van haar grootste belangstellings was die bevordering van die Hollandse taal wat, nadat dit sowat 'n halfeeu uit die openbare lewe geskakel is danksy goewerneur lord Charles Somerset se beleid, in 1882 weer naas Engels in parlementêre debatte toegelaat is. In 1883 bied sy 'n boekprys aan vir Hollands aan die South African College en ook vir geslaagde kandidate in die Taal bond eksamens. Toe die Kasteel die Goeie Hoop in 1886 met sloping en in 1888 met skending bedreig is, tree sy in die bres daarvoor. Marie en andere het dadelik protes aangeteken teen eersgenoemde skema en sy het selfs met invloedryke vriende in Engeland in verbinding getree en hul hulp ingeroep. Laasgenoemde skema is aan die gang gesit om die Kasteel sogenaamd te verbeter en te verfraai. Cecil John Rhodes, wat toe eerste minister was, het 'n afskrif van die skema aan Marie gestuur om haar mening oor die saak in te win. In haar antwoord het sy onomwonde verklaar dat die verfraaiing die Kasteel sou skend. Nog 'n keer sou Rhodes haar oor die Kasteel nader, toe die owerheid 'n puntjie wou wegneem ter wille van die roete van 'n elektriese trem. Hy stuur sy sekretaris na haar en dié kry die volgende antwoord: "Sê aan mnr. Rhodes sy neus is ook net 'n puntjie van sy gesig. Laat hy dit afsny en dan in die spieël kyk." Dié antwoord het die gewenste uitwerking gehad

Met die stigting van die Zuid-Afrikaansche Taal bond in 1890 word sy lid van die hoofbestuur. Voor die Taalmonument in 1893 op Burgersdorp onthul is, borduur sy op 'n banier die "Lang leve onze taal" en stuur daarby 'n goue medalje met die woorde "De Hollandsche taal in Zuid-Afrika, 1806–1893. Ik worstel maar bezwijk niet". Op politieke gebied het sy staatsmanne geken soos sir Henry Bartle Frere en Cecil John Rhodes. Laasgenoemde het op 'n keer van haar gesê: "Ek vrees haar meer as die hele Afrikanerbond". Die gebeure in Transvaal tydens die Jameson-inval het egter 'n einde aan die besoeke van Rhodes aan die Koopmans-de Wet-huis gebring. Deur vriende het hy probeer om 'n geleentheid te kry om 'n uitleg van die inval vir haar te gee, maar sy het geantwoord: "Laat mnr. Rhodes die uitleg wat hy aan my wil gee op 'n openbare platform maak." Jan Hendrik Hofmeyr was 'n persoonlike vriend van die susters, soos ook die Boere presidente Jan Brand, F.W. Reitz, Paul Kruger en M.T. Steyn

Sy het ook die stigting van die Afrikaanse Christelike Vrouevereniging (A.C.V.V.) voorgestaan, maar het haar later onttrek daaraan omdat haar wens dat alle vroue daarby betrek moes word, ook Rooms-Katolieke vroue, nie aanvaar is nie. Haar standpunt het getuig van grootmoedigheid: "Het Christendom sluit niet uit, maar in. Hoe ver wij ook door formulieren of menselijke uitleggen uit elkaar gaan, in die Bijbel worden wij weer verenigd."

Koopmans-de Wet se grootste en belangrikste werk was in belang van die vroue en kinders in die konsentrasiekampe van die Anglo-Boereoorlog en ten behoewe van die Boererepublieke in die geheel. Sy was deurentyd op hoogte van sake oor die Republieke en het destyds die deputasie van pres. Paul Kruger en generaal. Joubert op pad na Engeland aan haar huis ontvang. Toe Olive Schreiner haar pamflet uitgee met die gevoelvolle beroep vir reg en vrede, het Marie 'n eksemplaar daarvan aan 'n vriendin in Londen gestuur met die versoek dat sy dit aan koningin Victoria moes stuur. Diep was haar verontwaardiging toe sy verneem dat slegs die verantwoordelike minister publikasies van 'n politieke aard onder die koningin se aandag kon bring. Hierna het Marie leiding geneem om te protesteer oor die toestande in die Boererepublieke en ook ten opsigte van die Boere krygsgevangenes Sy stel 'n vrede petisie op met 16 750 naamtekeninge wat aan koningin Victoria voorgelê moes word met die versoek om 'n vreedsame oplossing tussen Brittanje en die Z.A.R. te probeer vind. In 1900 word twee groot vroue vergaderings gehou om te protesteer teen die afbrand van Boere wonings en ander skade wat tydens die Oorlog aangerig is. Sy laat ook petisies teken om te versoek dat Boere krygsgevangenes nie sou weggestuur word nie, maar sonder welslae. In dié tyd het oral in Europa komitees aan die werk gespring om klere en lewensmiddele vir die vroue en krygsgevangenes te stuur. In 1903 is sy een van die stigters van die maandblad De Goede Hoop, waarvoor sy die naam bedink het. Tot 1904 het meer as tweeduisend kiste goedere van alle kante af meesal by die Koopmans-de Wet-huis opgedaag. Al dié skenkings ontvang sy en haar suster in hulle voorhuis, maak dit oop en stuur dan die inhoud na verskillende kampe. Die groot som geld wat Marie ontvang het, administreer sy en hou van alles boek, terwyl sy die korrespondensie in verband met hierdie werk self behartig. In hierdie tyd word haar vryheid van beweging ingeperk, maar later is die verbod, wat op huisarres neergekom het, weer opgehef. Sy was in elk geval so besig dat sy dit skaars agtergekom het.. Later jare sou sy haar gesondheid opoffer aan 'n selfopgelegde taak van barmhartigheid om die geskenke en geriewe oor te pak en te versend wat die land ingestroom het ten behoewe van die vroue en kinders in die konsentrasiekampe tydens die Anglo-Boereoorlog asook die krygsgevangenes op St. Helena, Ceylon en elders, toe Marie reeds bejaard was.

Op 13 November 1905, toe sy reeds besef het dat die dood naby is, het sy versoek dat daar geen hulde betuigings by haar graf gelewer word nie en geen blomme of kranse op haar graf moes wees nie. "God alleen weet hoe gering mijn beste pogingen waren ... Mijn volk heb ik lief gehad en getracht voor te leven." Twee dae ná Marie se dood, op 4 Augustus 1906, word sy plegtig uit die sterfhuis, waar prof. Adriaan Moorrees die rede gevoer het, na die Wynbergse kerkhof gebring waar sy langs haar ouers en haar eggenoot begrawe is. Haar begrafnis was 'n besondere gebeurtenis. Oudpresident M.T. Steyn het die huldigingsrede gelewer by die begrafnisdiens, gelei deur prof. Adriaan Moorrees van die Kweekskool op Stellenbosch, terwyl die rede by die graf deur prof. J.I. Marais gelewer is. Maar haar gesondheid, wat nooit van die beste was nie, het onder die veelvuldige werksaamhede gekwyn en sy is in Augustus 1906 oorlede.

F.S. Malan het na haar verwys as "Vorstin haar volks". Olive Schreiner het haar beskryf as " 'n vrou van besondere intellektuele vermoëns, een wat geen vrees of benoudheid geken het nie, selfs nie tydens die smartlike onderdrukking van die oorlog nie. Sy sal nou en in die toekoms deur alle politieke groepe en alle rasse gedenk word om haar onverskrokke persoonlikheid." Generaal. Louis Botha het haar geëer "om hare daden, waaruit menslievendheid en patriotisme warm en diep spreken", en generaal. Jan Smuts het haar bestempel as "een inspirerende figuur op Afrikaans gebied in de Kaapkolonie". In 'n telegram aan haar nefie, dr. Frans Engelenburg, het Smuts soos volg oor haar getuig: "Wie die haar gekent heeft, kan haar nooit vergeten! – De tedere sympathie in alle leed, dit milde hand in alle nooddrift, zo wel bekend aan Transvaalsche weduween en wezen, dat warme hart voor al wat schoon en edel was, die hartstochtelijke liefde het Afrikaansche volk, die heldenmoed, welke in dagen van storm en gevaar – toe zelfs rotzen wankelden – de Afrikaanssche vlag omhoog hielt aan Tafelbergs voet."

Lizzy

Lizzy se lyfie is seer,
sy is uit geteer,
haar magie is leeg,
sy is te lig om te weeg,

sy wens sy kon kossies kry,
sy wens die leiding kan einde kry
sy wens sy was terug op die plaas gewees,
daar was genoeg om te eet gewees,

sy weet wat op haar wag,
'n sinnelose vlak kinder graf,
dalk gaan hulle gesang vir haar sing,
waar Jesus sê om die kindertjies na hom toe te bring,

sy het die Ingelse kommandant hoor praat,
hierdie is 'n gentlemen's war,
maar self sy as kind,
weet daar is niks waarheid in te vind

Emily Hobhouse

Almal sal die engel onthou,
al was sy 'n Engelse vrou,
sy het 'n omgee hart gehad,
vir ons vrouens en kinders se smaad,

sy het teen die Britse Empire opgestaan,
dat ons vrouens en kinders nie vergaan,
sy het vir beter omstandighede in die kamp gesorg,
skielik was daar meer kos,

minder kinders was dood,
'n generasie was uitgemoor,
selfs toe hulle haar dreig,
het sy oor die omstandighede Engeland toe geskryf,

'n Vrouemonument het verys,
om die vroue en kinders te rou,
hulle moord moet ons volk altyd onthou,
daar is Emily vir altyd tuis

Toe ek Kaalvoet vrouens beplan het, is die opmerking gemaak dat Emily Hobhouse nie 'n Afrikaanse vrou is nie, wat heeltemal reg is, maar sy het 'n Afrikaanse hart gehad; amper soos die bekende film Schinders list, met sy Jode.

Emily Hobhouse is gebore in Cornwallis Engeland die 9 April 1860 as dogter van eerwaarde Reginal Hobhouse, die Anglikaanse aartsdeken van Bodim en haar moeder was Caroline Salusbury Trelawny op die Corniese dorp St Ive naby Likkeard.Beide haar grootouers was in die Britse parlement, haar groot vader aan vaderskant was adjunk minister van binnelandse sake gewees. Haar oom Arthur was vooraanstaande juris en haar broer Leonaard was die hoogleraar in sosiologie aan die Universiteit van London Haar moeder was die dogter van sir East Cornwall 'n Liberale parlementslid.

In 1876 ontvang sy 'n kort rukkie onderwys in 'n kosskool in Cornwallis, waarna sy formele onderrig omvang van verskeie goewernantes wat volgens haar onbevoeg was. Haar vader was 'n besonder teruggetrokke mens en haar moeder het 'n onderdrukte humorsin gehad, met 'n lewenslus wat haar streng vader baie kere teen gewerk het , Emily het haar hoë sedelike sin van pligsgetrouheid, van haar vader geërf maar haar geesdrif, selfvertroue en vrygewigheid is eienskap wat sy weer van haar moeder geërf het.

Weens haar Vader se swak gesondheid het hulle die meeste winters langs die Franse Riviera deurgebring, in die tye het die kinders meestal by hulle oom Hobhouse deur gebring, nah haar moeder se dood het sy agter gebly en nie soos die res die huis verlaat nie om na haar vader om te sien. Buiten die huislike omstandighede wat nie maklik is nie doen sy nog maatskaplike en kerklik werk, lees en musiek. Na

35 jaar in haar ouer huis word sy na haar vader se dood bevry van haar huislike pligte, maar weens aar ouderdom en gebrek aan opleiding is dit vir haar moeilike om 'n goeie betrekking te kry. Haar ondervinding in gemeente werk en haar geloof dat dit die enigste werk is waarvoor sy uitgeknip is, laat haar besluit om onder die Corniese myn werkers wat na die VSA gemigreer het te gaan, Teen haar sin word sy as 'n Anglikaanse sendeling beskou en aan gesê om in die myn dorpie Virginia in Minnesota te gaan bearbei. Van Augustus 1895 tot September 1896 doen sy opheffings werk daar.

Emily raak in dié tyd verloof aan 'n sakeman van Minnesota, John Carr Jackson, hulle besluit om hulle in Meksiko te gaan vestig. Waarna Emily vooruit gaan na Meksikostad waar sy 'n beesplaas koop en 'n huis laat bou toe haar verloofde hom nie by haar kon aansluit nie, is dit weer eens vir haar 'n baie moeilike tyd, want sy is alleen en vol twyfel oor haar toekoms. Sy besluit om haar verloofde in die Verenigde State besoek en reis sy in 1897 na Engeland, maar keer daarna na Meksiko terug toe die verlowing verbreek word. Die boerdery was nie geslaagd nie en die volgende jaar gaan sy nogeens terug na haar vaderland

Met die uitbreek van die Anglo Boereoorlog begin sy belang stel in die Noodlenigingsfonds vir Suid-Afrikaanse Vroue en Kinders, terwyl sy self na Suid-Afrika reis om die toestande persoonlik te ondersoek. Weens die Krygswet en sensuur het sy en baie ander mense net van gehoor van die beleid van verskroeide aarde, maar nie kennis gedra van die konsentrasiekampe nie. Eers toe sy op 27 Desember 1900 in Suid-Afrika land, het sy binne 'n paar dae van die kampe gehoor. Sy het gou uitgevind dat alles nie pluis is nie en na ernstige teenkanting, selfs te midde van dreigemente van deportasie en gevangeneming, is sy toegelaat om die feite aan die lig te bring..

In die begin van die twintigste eeu, het sy heel waarskynlik gewonder hoe om druk op die Engelse regering te plaas waar sy aanvanklik vrou alleen hulle wou dwing om die verskroeide aarde besluit te laat staan, militêre besluit wat hulle uit die oog uit, beplan en uitgevoer het onder die naam beskermings kampe, wat in werklikheid moord kampe was. die brandende gevoel in haar dat sy geroepe is om 'n skreiende onreg te help regstel nie. Straks was sy besig om haar gedagtes te orden, dalk in skriftelike verslae. Die hele wêreld moet immers hoor van die veragtelikhede wat sy ervaar het, van die skandes wat sy die vorige paar maande eerstehands in Suid-Afrika aanskou het terwyl sy daar was. Almal moet kennis dra van die haglike toestande van die onskuldige slagoffers in die konsentrasiekampe van die Britte, van die talle vroue en kinders wat in die Anglo-Boereoorlog in dié kampe saamgebondel is en besig is om by die duisende te sterf. Van ongeërgde Britse militêre wat verkies om anderpad te kyk en hul hande in onskuld te was oor die slagting, van oorlogs-misdaad wat, soos sy nou voel, ten hemel roep. Die misbruike, hoofsaaklike te wyte aan administratiewe onkunde en 'n gebrek aan ondervinding, het 'n opskudding in Engeland veroorsaak Maar haas vrou-alleen probeer sy steeds uitwerk hoe sy die grootste en standhoudende druk op die Britse regering kan toepas. 'n Vroue komitee is later aangestel wat in Engeland deur invloedryke kringe ondersteun is, Emily was die voorsitster, en hierna het die dodetal onder die vroue en kinders drasties afgeneem.

In Oktober 1900 stig Emily die Relief Fund for South African Women and Children, en op 27 Desember 1900 kom sy self in Suid-Afrika aan. Sy verlaat die Kaap op 22 Januarie 1901 en bevind haar twee dae later in Bloemfontein. In die volgende klompie maande besoek sy verskillende konsentrasiekampe in die Vrystaat en Noord-Kaap waar die verskriklike omstandighede haar geweldig skok. Met onvermoeide ywer sal sy nou probeer om die omstandighede van die lydendes daar te verbeter. Vir haar is dit eintlik Brittanje se eer wat op die spel is, sy besluit om na Engeland terug te keer om stryd voort te sit. Haar vurige veroordeling van die toestande in die kampe bring mee dat die Britse oorlogsregering heftig deur die Liberale opposisie van destyds gekritiseer word weens sy "barbaarse metodes". 'n Regering komitee onder Millicent Fawcett staaf die meeste van haar klagtes ná 'n ongelukkige vertraging van maande, maar "that miss Hobhouse" word verguis weens haar medelye met onderdane van die vyand.

Emily word verbied om voortaan enige van die konsentrasiekampe te besoek. Toe sy dus op 27 Oktober 1901 weer in Kaapstad aankom, word sy kragtens krygswet summier na Engeland teruggestuur. Terwyl haar gesondheid nie meer na wens is nie, keer sy terug na Europa om in die berge van Savoje in Suidoos-Frankryk te gaan herstel. Dit is daar waar sy die nuus ontvang dat die Boereleiers die Vrede van Vereeniging onderteken het. Die filantroop en verbete kampvegter vir menseregte, was sekerlik self nie daarvan bewus dat sy met haar volgehoue stryd besig was om haarself as 'n heldin in die Suid-Afrikaanse geskiedenis te vestig nie. Na die oorlog het sy op Philippolis 'n weefskool vir die Boeredogters begin wat uit gebrei het na 26 weef skole regoor die Vrystaat en Transvaal.

Dit was juis in 1913 en 1914 dat sy haarself toenemend vervreemd gesien het van Suid-Afrika, en sy leierskap, met wie sy toe reeds lank vriendelik was. (Buiten Jan Smuts en Tibbie Steyn, met wie sy bly korrespondeer het, asook ander privaat individue.) Met die uitbreek van die Eerste Wêreldoorlog is die laaste stempel op Emily gedruk om haar na nog meer radikale denke te stem, selfs sosialisme. Daar is oor haar gesê: "She had the face of a Madonna, but she fights like a devil." Maar in die begrip van baie wroegende, en sukkelende, Afrikaners wat dekades se haat saamgedra het weens die ABO, het net die "Madonna"-beeld oorleef. 'n Romantiese blik van 'n "tannie" wat selfs soms met 'n verpleegster, of Kwaker (wat sy nie was nie) verwar word

Die Nasionale Vrouemonument in Bloemfontein is op 16 Desember 1913 onthul. Dit is opgerig om die tragedie te gedenk van sowat 26 000 Afrikanervroue en -kinders wat enkele jare tevore in die Anglo-Boereoorlog van 1899-1902 gesterf het. Beeld figure voor die gedenknaald. Die oprigting van die monument het destyds plaasgevind te midde van groot verdeeldheid onder Afrikaner leiers oor wat hulle as in die beste belang vir die land geag het. Die een groep het noue bande met die veroweraar, Brittanje, gepredik. Vir hulle was die nuwe Unie van Suid-Afrika immers ook 'n deel van die sogenaamde Britse Gemenebes. Die ander groep het gevoel dat Boerevolk (Afrikaners) steeds sy eie heil weg van Brittanje moes uitwerk. Die Vrouemonument was egter die één samebindende faktor, want niemand kon die oë sluit vir die skreiende onreg wat die Boere deur die destydse Britse militêre aangedoen is met hul hoogs omstrede beleid van "verskroeide aarde" nie. Toe die Britte bemerk dat hulle die Boerekrygers nie tot oorgawe kon dwing nie, het hulle 'n drastiese plan in werking gestel. Hulle het naamlik besluit om die Boere se plase af te brand en hul vroue, kinders, bejaarde mans en werkers kamma "vir hul eie beskerming" in konsentrasiekampe aan te hou. As die kampe behoorlike geriewe gehad het, kon die Britse militêre miskien nog hul optrede vergewe gewees het. Die ontsettende teendeel was egter waar die ontsettende oorlog tyd se vergryp wat tot die oprigting van die Vrouemonument gelei het

BRITTANJE het besef dat die oorlog teen die Boere-guerrillas van die destydse Vrijstaat en Zuid-Afrikaansche Republiek (Transvaal) veel langer voortsleep as waarvoor hy ooit voorsiening gemaak het. Toe moes die Boere reg in die hart bygekom word. Plaashuise moes verbrand word, gesaaides en veestapels vernietig word, alles wat oor geslagte opgebou is, moes weggeruk word uit die hand van die Boer. Ook almal wat vir hom dierbaar was, moes weggeneem word om so te ly dat hy sou knak: sy vrou, sy kinders, sy ou mense, sy werkers. Dit het alles so militêr sober begin. Toe formele gevegte eindig en die Boere met hul guerrilla-taktiek begin, is gelas dat alle plaashuise van waar aanvalle op Britse soldate of die spoorweë gedoen was, afgebrand moes word. Maar hierby het dit nie gebly nie. Uiteindelik is talle plase ook verwoes slegs omdat Boere vegters daar in staat sou kon gewees het om voorrade en 'n betreklik veilige rusplek te bekom.

Mense is van die verwoeste plase af per ossewa, trollie of trein soontoe vervoer—gewoonlik in oop steenkool- of bees waens sonder enige sanitêre geriewe—of hulle is te voet soontoe aangedryf. Hulle is hot en haar saamgebondel, om lord Alfred Milner se uitdrukking te gebruik. En geen behoorlike reëlings is getref om hulle te huisves nie. Talle moes in die begin in die oop veld probeer regkom totdat tente—baie van dié feitlik onbruikbaar—verskaf is, of hulle is in barakke in die kampe of elders aangehou.

Selfs 'n Britse kommissie van ondersoek het bevind dat van die huisvesting, soos hulle dit gestel het, skaars geskik vir varke was. Omdat dat daar nie genoeg komberse, klere en ander beskerming was nie, en partykeer nie eens beddens en matrasse nie, is die geïnterneerdes, veral dié op die Hoëveld van die Vrystaat en Transvaal, aan die uiterste ontberings blootgestel wat hul kragte ondermyn het. Die groot aantal klein kindertjies is die ergste getref. Daar nie net hopeloos te min kos in die oorvol kampe nie, maar die kos wat daar was, veral vleis, suiker en meel, was aanvanklik van 'n swak gehalte. Boonop was daar geen groente, vrugte en ander noodsaaklike kosse nie. Gevolglik het die kamp bewoners, veral die kindertjies, binne maande tot lewende geraamtes weg geteer.

Die sanitasie was ook uiters onvoldoende. Daar was geen behoorlike geriewe vir die weggooi van vullis nie, en latrines was so primitief dat hulle die teelaarde van siektekieme en infeksies geword het. Die gevolg was dat siektes, veral masels, in 1901 in die kampe uitgebreek het en, omdat daar nie genoeg dokters en ander mediese sorg was nie, was daar onrusbarend baie sterftes. Só het daar dan van die 118 000 Boeremense wat in die konsentrasiekampe was, duisende gesterf. 'n Hele geslag potensiële Afrikaners is uitgewis, altesaam 22 074 Boere kinders en 4 182 Boerevroue, Daar is al geskat dat daar vandag nagenoeg 600 000 meer Afrikaners kon gewees het as dit nie vir die sterftes in die konsentrasiekampe was nie. Sowat 1 500 Boere mans (meestal bejaardes) het ook in die kampe omgekom.

DIT was Marthinus Theunis Steyn, gewese president van die Vrystaat, wat die oproep gedoen het dat 'n monument opgerig moet word ter nagedagtenis van die vroue en kinders wat in die konsentrasiekampe dood is. In Februarie 1907 is die eerste konferensie hieroor in Bloemfontein gehou, en daar is besluit om £10 000 vir die oprigting van 'n gedenknaald in te samel.

Die hoogs verarmde Afrikanervolk het gereageer ondanks die geringe middele tot sy beskikking en vier jaar later was meer as die vasgestelde bedrag bymekaar. Die beeldhouer Anton van Wouw en die argitek Frans Soff het opdrag gekry om die ontwerp uit te voer wat hulle voorgelê het. Op 16 Desember 1913 is die Vrouemonument in die teenwoordigheid van meer as twintigduisend mense deur mev. Steyn, vrou van die oudpresident, onthul. Emily Hobhouse, 'n uiters meelewende Britse vrou wat ondanks teenstand in haar eie land baie gedoen het om die aandag op die lyding van die Boerevroue en -kinders in die kampe te vestig, het spesiaal uit Engeland gekom om die plegtigheid waar te neem, maar het weens swak gesondheid nie verder kon kom as Beaufort-Wes nie. Want as dit nie vir die Engel van ons volk was nie was die sterfte syfer nog hoër

Tydens die Eerste wêreld oorlog het sy haar noodlenings werk voort gesit onder die Duitse weeskinders in Leipsig saam met mev Tibbie Steyn. Hierdie aspek van haar persoonlikheid en haar informele onderhandelings met die Duitsers, die "spioenasie briewe", die Britse owerhede wat warm op haar spoor was om haar paspoort in te trek, spreek soveel van haar karakter. Die nagevolge en die debatte in die parlement was vir my byna soos 'n speurverhaal. Emily se deursettings-vermoë om haar saak te stel aan ministers en daarna aan die aartsbiskop van Kantelberg is so eie aan dié vrou. Toe sy daarna sien dié sending misluk, het sy haarself dadelik – en vir oulaas – in 'n volgende projek ingewerp: 'n reuse Duitse voeding skema. Dit het 'n meer volledige prentjie van Emily vir my geskep. Hierdie vrou het eenvoudig nie tou opgegooi nie, vergeleke met die meeste ander mense, wat lankal sou gaan lê het Internasionaal is haar werk en nalatenskap vinnig op die agtergrond gestoot omdat sy durf waag het om humanitêre en pasifistiese werk te doen, en met die "The Empire" te bots. Sy was in beide in die ABO en Eerste Wêreldoorlog teen oorlog, maar nie teen haar eie land nie. En dít is een van die kritieke punte waar Emily verkeerd verstaan is. Wat agterweë gebly het, was Emily se betrokkenheid by die linkse drukgroep Union of Democratic Control (UDC), vir wie sy ook artikels geskryf het, ook in die feministiese maandblad Jus Suffragii (The Law of Suffrage) en in Women's Dreadnought, om maar twee te noem, asook 'n groot bydrae om stemreg vir vroue én arm mans te verseker

In 1921 het dankbare Suid-Afrikaners £2.300 byeen-gebring ('n groterige bedrag destyds, maar eintlik onom-rekenbaar in vandag se geld vanweë inflasie) sodat sy, toe arm en verswak, 'n eie huis kon koop op die dorp van haar jeug, St. Ives in Cornwall. Na haar dood is die 8ste Junie 1926 is sy in Engeland versa en is haar as die 26 ste Oktober 1926 aan die

voete van die vroue monument geplaas- die grootste
eer wat die Afrikaner volk haar kon aandoen.

Vandag: kon ek glimlag

Vandag: kon ek glimlag,
die hongerpyn,
het uit kinderogies verdwyn,
tot nig Roets,
se kinders was soet,

vandag: was goed,
'n engel het ons besoek,
die kampkommandant het haar gevloek,
hy het haar beskryf met 'n lelike woord,
sy het hom beskuldig van moord,

die kinders se magies was vol,
die Antie wat Ingels praat met haar boer hart
het vir almal kos gebring,
saggies het hulle 'n dank psalm gesing,
gebid dat sy more weer sal bring,

steeds was nig maar se oë vol smart,
haar kind Is in die hospitaal op geneem,
as jy eers daarheen gaan weet almal waar gaan
kindertjies heen,
gelukkig het die Antie ook gesorg,
dat die dokters die kindertjies daar ook versorg

Bronne

DIE BOEREVROU 1919-1931 'n Kultuurhistoriese studie oor die eerste Afrikaanse vrouetydskrif deur JEANETTE VAN RENSBURG

NONNIE DE LA REY 1856 – 1923 deur ZELDA ROWAN

Die bydrae van Rachel Isabella Steyn tot die noodleningspoging in Duitsland ná die Eerste Wêreldoorlog deur Elbie Truter

Verset en volharding: die lewe van Rachel Isabella (Tibbie) Steyn gedurende die Anglo-

Boereoorlog. The dead live again every time we remember them (Maeterlinck) deur

Elbie Truter

Eensaam in die Voortrekkergemeenskap: Askese en geloofsbelewing in die teologie van die Voortrekkervrou Susanna Smit (1799-1863) deur A W G Raath

DIE Piëtistiese dagboek van Susanna Catarina Smith (1799 - 1863), ''n Deskriptiewe ondersoek en diplomatieke teksuitgawe deur Michelle Puddu Vol 1-3

'n Historiese konteks or die kontroversiële lewe van Johanna Brandt (1876-1964) deur Magrieta Elizabeth van der Merwe

Gezina du Plessis (1831-1901): Die eggenote van Paul Kruger deur H.M. Rex, soos verskyn in Historia Junior, Maart 1960

En gesê die tyd is min The Visions of Johanna Brandt

The uncertain future of white supremacy and the politics of fertility in South Africa 1930-1939 deur Susanna klausen

Race, maternity and politics of birth controlling South Africa 1910-139 deur Susanna Klausen (Leila Reitz)

 A visual and textual re-storying of the diary of Susanna Catharina Smit (1799-1863) deur Marlene de Beer

BOER AND UITLANDER the true story of the events by William Frederick Regan

De Strijd tusschen Boer en Brit deur generaal CR De Wet

Emily Hobhouse Geliefde verraaier deur Elsabe Brits

South Africa History online- Marie Koopmans-de Wet

Adv Jansen in 'n poging om kultuur historiese bakens te vestig deur PJJ Prinsloo